Réussir

le bac français

Parcours, synthèses et lexique réalisés
par **Amélie Bonnin**,
agrégée de lettres classiques.

Objets d'étude et mouvements littéraires réalisés
par **Laurence Babic**, agrégée de lettres modernes et docteur ès lettres,
et **Cécile Jannuska**, normalienne, agrégée de lettres modernes et docteur ès lettres.

LAROUSSE

21, rue du Montparnasse 75283 Paris Cedex 06

Direction de la publication
Carine Girac-Marinier

Édition
Laurent Girerd

Direction artistique
Ulrike Meindl

Mise en pages
Sylvie Fécamp

Informatique éditoriale et composition
Philippe Cazabet, Willemine Jaspars, Sharareh Maljaei, Marie-Noëlle Tilliette

Lecture-correction
Catherine Decayeux

Fabrication
Marlène Delbeken

ISBN : 978-2-03-598794-5

SOMMAIRE

LA POÉSIE

Sappho et Alcée (1881), tableau de Lawrence Alma-Tadema.

Au sens le plus immédiat du terme, la poésie est l'art de produire des poèmes. Par extension, le terme désigne le résultat de la création poétique. La poésie est ainsi l'ensemble des productions poétiques. De manière plus spécifique, le mot s'oppose à « poème », texte versifié bref.

UNE ORIGINE SACRÉE

À l'origine, la poésie serait le plus ancien des genres. Orale, destinée à être écoutée, contenant de nombreux procédés de mémorisation, elle forme un patrimoine culturel et sociétal pour la communauté qu'elle soude. Dès l'Antiquité, elle est liée aux dieux, notamment à Apollon, dieu du Chant, de la Musique et de la Poésie, et aux neuf Muses, en particulier Calliope, muse de la Poésie et de l'Éloquence. Ovide, poète latin (43 av. J.-C.-17 ou 18 apr. J.-C.), raconte comment Orphée, musicien, chanteur et poète, enchante les créatures de l'Enfer par son art. La poésie a ainsi une essence religieuse et sacrée : le poète, inspiré par les dieux, se place au-dessus des hommes et incarne la voix divine. À l'origine, les premiers poètes étaient d'ailleurs des aèdes, à la fois prêtres et poètes.

Nymphes écoutant les chants d'Orphée (1853), tableau de Charles-François Jalabert.

UNE UNITÉ IMPOSSIBLE

Il est difficile de considérer la poésie comme un genre unique. Depuis ses débuts, plusieurs catégories la fondent. La poésie lyrique d'abord : vers le VIIIe siècle avant J.-C., elle célébrait les sentiments d'un groupe avant de devenir plus personnelle avec la poétesse Sappho, qui chante l'amour. Les émotions individuelles, la joie, la tristesse la font vibrer et lui donnent une couleur intime. La poésie épique célèbre, depuis *L'Iliade* et *L'Odyssée* d'Homère, les exploits historiques et mythiques d'un héros, qui prennent une valeur exemplaire nationale.

Elle se développe considérablement au Moyen Âge avec la chanson de geste et suscite épisodiquement un regain d'intérêt par la suite. Progressivement, pourtant, elle est remplacée par le roman et tombe en désuétude. La poésie satirique naît dans l'Antiquité avec le poète Archiloque de Paros. Elle dresse sans complaisance le portrait des vices et des ridicules, et s'érige en juge implacable des mœurs. Horace, Sénèque et Juvénal forment ses principaux représentants. Au XVIIe siècle, Boileau suivra cette trace dans ses *Satires* (1666-1668).

Variée dans ses catégories, la poésie ne retrouve pas davantage d'unité dans sa forme. En vers ou en prose, elle s'exprime à travers les genres les plus diversifiés : le sonnet, la balade, le rondeau, le madrigal, l'épigramme, le poème en prose…

Serait-ce alors son contenu qui permettrait de la définir ? Non, car elle aborde des thèmes variés. Se nourrissant du réel et de l'imaginaire, elle trouverait peut-être son unité dans son étrangeté absolue et dans sa capacité à exprimer le monde autrement. Elle réenchante le regard et conduit l'homme à traverser les apparences. Elle n'en est pas moins incarnée et sensible. Loin d'être un genre éthéré, elle se place au cœur des préoccupations humaines et devient même parfois une arme redoutable chargée de changer l'univers.

Le Poète voyageur (1890), tableau de Gustave Moreau.

ET LA POÉSIE AUJOURD'HUI ?

La poésie semble bien loin aujourd'hui de la valeur sacrée qu'elle revêtait à ses débuts. Elle est menacée par la culture de masse : en effet, sa singularité et son caractère intime s'accommodent mal des exigences actuelles. Le culte de l'immédiateté, qui s'exprime par la recherche de lectures faciles et rapides, lui porte aussi préjudice. Ne serait-elle alors réservée qu'à un public élitiste ? On pourrait le croire si l'on s'en tenait à une étude statistique des publications éditoriales. Concurrencée dans son expression la plus intime par d'autres genres comme le cinéma ou le roman, elle perd ses prérogatives. Dans un monde matérialiste, elle se vide de sa valeur de chose sacrée inaltérable.

Pourtant, elle n'appartient pas seulement au passé ; elle se convertit et prend sans doute aujourd'hui un sens plus large. Elle offre la promesse d'un autre monde qui résiste à la logique sociale dominante et à l'impérialisme de la pensée. Elle transforme et réinvente la vie.

LES MÉMOIRES D'UNE ÂME

Le Voyageur au-dessus de la mer de nuages (1818), tableau de Caspar-David Friedrich.

Expression employée par Victor Hugo dans la préface des *Contemplations* (1856), les « Mémoires d'une âme » relèvent le défi de donner à la poésie une fonction autobiographique généralement dévolue au roman. Mais la voix du poète, lorsqu'elle met le lyrisme au service de l'intime pour magnifier le souvenir personnel, va plus loin que la prose : elle renouvelle le genre, faisant du « je » personnel et incarné un sujet universel.

UN GENRE POÉTIQUE

Les mots « mémoire » et « monument » ont la même étymologie : issus tous deux du latin *mens*, « esprit », ils signifient respectivement « avoir présent à l'esprit » et « faire penser à, faire se souvenir ». Ce constat invite à considérer logique que l'œuvre, ou *monument* poétique, privilégie l'expression du souvenir personnel. C'est en effet ce dont se réclament, à partir d'Alphonse de Lamartine, de nombreux poètes romantiques, de même que ceux des générations suivantes. Ainsi, l'écriture de soi est au cœur du projet des *Méditations poétiques* (1820) de Lamartine, qui fait état, dans des strophes aux accents élégiaques, de la liaison du poète avec Julie Charles.

La visée des *Contemplations* (1856), quant à elle, est plus large encore, puisque le recueil retrace l'itinéraire d'un homme et d'un poète, Victor Hugo, doublement brisé par la mort de sa fille et l'exil auquel il est contraint. Plus tard dans le siècle, avec *Romances sans paroles* (1874), Verlaine compose, en un itinéraire poétique nouveau, « le roman de vivre à deux hommes », recueil de la liaison du poète avec Arthur Rimbaud.

Victor Hugo sur le rocher des Proscrits en 1853 (île de Jersey), photographie de Charles Hugo.

« JE » AUTOBIOGRAPHIQUE ET SUJET LYRIQUE

L'expression du souvenir en poésie implique cependant subjectivité et liberté. Le poète s'arrange dès lors sans contrainte des repères tangibles qui ont jalonné telle ou telle période de sa vie : on glisse imperceptiblement du « je » autobiographique, qui tendrait à l'objectivité, à un « je » lyrique, délivré de l'ancrage au réel. La voix du poète, qui s'exprime à la première personne, n'est alors plus seulement celle d'un homme qui met sa seule vie en vers : elle est aussi la voix de tous les hommes.

Ceci est particulièrement remarquable dans l'expression du sentiment amoureux : qu'il s'agisse du « je » d'un poème de Louis Aragon, ou de celui de Robert Desnos dans les poèmes célébrant son amour pour Youki (*Corps et biens*, 1930), il est bien question, comme l'écrit Lamartine, des « fibres mêmes du cœur de l'homme » (préface des *Méditations poétiques*, 1820). Cette évidence du « je » universel est répétée en écho par de nombreux poètes, tels Victor Hugo dans la préface des *Contemplations*, ou encore Alfred de Musset (« Ah ! frappe-toi le cœur, c'est là qu'est le génie », *Premières Poésies*, 1832).

L'Île des morts (1886), tableau d'Arnold Böcklin.

MÉMOIRES ENGAGÉS

Si la perte de l'être cher, la nostalgie d'une enfance perdue, la douleur de ne plus aimer sont naturellement le terreau privilégié des « Mémoires de l'âme », l'emploi de la première personne en poésie exprime aussi l'engagement du poète face aux événements de son temps.

C'est, ainsi, ce que font Victor Hugo, dans *Les Châtiments* (1853), en dénonçant les exactions du pouvoir de l'empereur Napoléon III, ou encore, au siècle suivant, Louis Aragon, avec *Le Roman inachevé* (1956), long poème dont le titre est à comprendre au sens médiéval, le *roman* désignant ici un écrit en langue romane : les vers d'Aragon retracent les événements qui ont marqué sa vie amoureuse d'homme ainsi que ses engagements littéraires et politiques de poète. À travers le souffle épique, le « je » se fait alors le porte-parole d'une époque ou d'une génération.

L'AUTEUR

VICTOR HUGO

LES CONTEMPLATIONS

Genre : poésie autobiographique.
Registre : élégiaque.
Forme : poésie versifiée, majoritairement des alexandrins et des octosyllabes à rimes plates ou croisées.
Structure : *AUTREFOIS* (1830-1843) : Livre I : *Aurore* ; Livre II : *L'Âme en fleur* ; Livre III : *Les Luttes et les rêves*. *AUJOURD'HUI* (1843-1855) : Livre IV : *Pauca Meæ* ; Livre V : *En marche* ; Livre VI : *Au bord de l'infini*.

EXTRAIT

VENI, VIDI, VIXI[1] (LIVRE IV, XIII)

J'ai bien assez vécu, puisque dans mes douleurs
Je marche sans trouver de bras qui me secourent,
Puisque je ris à peine aux enfants qui m'entourent,
Puisque je ne suis plus réjoui par les fleurs ;

Puisqu'au printemps, quand Dieu met la nature en fête,
J'assiste, esprit sans joie, à ce splendide amour ;
Puisque je suis à l'heure où l'homme fuit le jour,
Hélas ! et sent de tout la tristesse secrète ;

Puisque l'espoir serein dans mon âme est vaincu ;
Puisqu'en cette saison des parfums et des roses,
Ô ma fille ! j'aspire à l'ombre où tu reposes,
Puisque mon cœur est mort, j'ai bien assez vécu.

Je n'ai pas refusé ma tâche sur la terre.
Mon sillon ?[2] Le voilà. Ma gerbe ?[3] La voici.
J'ai vécu souriant, toujours plus adouci,
Debout, mais incliné du côté du mystère.

J'ai fait ce que j'ai pu ; j'ai servi, j'ai veillé,
Et j'ai vu bien souvent qu'on riait de ma peine.
Je me suis étonné d'être un objet de haine[4],
Ayant beaucoup souffert et beaucoup travaillé.

Dans ce bagne[5] terrestre où ne s'ouvre aucune aile,
Sans me plaindre, saignant, et tombant sur les mains,
Morne, épuisé, raillé[6] par les forçats[7] humains,
J'ai porté mon chaînon de la chaîne éternelle.

1. Hugo reprend la célèbre formule de Jules César, « *veni, vidi, vici* » (« je suis venu, j'ai vu, j'ai vaincu »), après une victoire militaire foudroyante, en la détournant : « je suis venu, j'ai vu, j'ai vécu ». Ce constat amer est repris par le poète dans une boucle entre le 1er et le 12e vers, montrant l'absence d'espoir dans sa vie.

2. Trace laissée en labourant la surface d'un champ. Le travail poétique est assimilé, par cette métaphore, au travail de la terre.

3. Gerbe : récolte.

4. Hugo évoque ici ses nombreux ennemis, tant politiques que littéraires.

5. Bagne : prison.

6. Raillé : moqué.

7. Forçats : prisonniers.

Maintenant, mon regard ne s'ouvre qu'à demi ;
Je ne me tourne plus même quand on me nomme ;
Je suis plein de stupeur et d'ennui[8], comme un homme
Qui se lève avant l'aube et qui n'a pas dormi.

Je ne daigne plus même, en ma sombre paresse,
Répondre à l'envieux dont la bouche me nuit.
Ô seigneur ! ouvrez-moi les portes de la nuit
Afin que je m'en aille et que je disparaisse !

8. Complètement inerte et abattu. Hugo inverse peut-être la célèbre formule de *Macbeth* (V, 5) : « La vie [...] est un récit plein de bruit et de fureur, raconté par un idiot, et qui ne signifie rien. »

VICTOR HUGO

Nom : Victor Marie Hugo.

Naissance : le 26 février 1802, à Besançon.

Famille : père militaire nommé général puis comte, souvent éloigné. Mère séparée, meurt tôt. Deux frères aînés : Abel Joseph et Eugène.

Éducation : a vécu à l'étranger (Naples et Madrid) puis à Paris avec sa mère. A commencé à écrire en pension (poèmes) puis a fondé une revue avec ses frères.

Premier succès : après la parution du recueil de poèmes *Odes* (1822), Hugo écrit de nombreux romans, fonde un groupe de jeunes écrivains (le « Cénacle ») et devient chef de file du romantisme.

Le scandale littéraire : en 1830, sa pièce de théâtre *Hernani*, très novatrice du point de vue littéraire, choque certains spectateurs : partisans et opposants se battent même dans la salle !

Les problèmes politiques : député en 1848, soutient la candidature de Louis Napoléon Bonaparte avant de l'accuser de tyrannie. Fuit à l'étranger après le coup d'État de celui-ci. Reviendra à Paris en héros et défenseur de la République en 1870. Deviendra ensuite sénateur.

La gloire : publications nombreuses et variées : poésies, pièces de théâtre, romans, textes engagés. Obtient récompenses officielles et immense succès public : pour son 80e anniversaire, 600 000 personnes recouvrent de fleurs l'avenue où il habite, rebaptisée « avenue Victor-Hugo ».

Ses amours : épouse en 1822 Adèle Foucher (amie d'enfance) dont il aura cinq enfants ; se lie à partir de 1833 avec Juliette Drouet (artiste) qui restera sa maîtresse jusqu'à sa mort.

Les drames : Léopoldine, sa fille chérie, jeune mariée, se noie dans la Seine avec son mari. Hugo, en voyage, apprend la nouvelle dans le journal cinq jours plus tard. Il cessera d'écrire pendant trois ans et consacrera en grande partie le recueil de poèmes *Les Contemplations* à ce drame. De ses cinq enfants, seule sa fille Adèle lui survivra.

Mort : le 22 mai 1885. Funérailles nationales auxquelles assistent près d'un million de personnes : son corps est exposé une nuit entière sous l'Arc de Triomphe, veillé par des gardes à cheval, avant d'être enterré au Panthéon.

SYNTHÈSE LES CONTEMPLATIONS

Victor Hugo autrefois et aujourd'hui, en 1828 et vers 1855, gravure d'Henri Thiriat et Eugène Ronjat.

Œuvre d'exil regroupant des poèmes composés entre 1835 et 1855, et présentée par son auteur comme « le livre d'un mort », *Les Contemplations* (1856) allient visée autobiographique et universalité et restituent l'humanité dans ce qu'elle a de fragile et de grand, de trivial ou de sublime. La dimension métaphysique du recueil en fait également le point culminant du romantisme et annonce la modernité poétique.

UN PROJET MÉMORIEL

« Cela commence par un sourire, continue par un sanglot, et finit par un bruit du clairon de l'abîme », déclare Hugo dans le texte d'introduction aux *Contemplations*. À l'annonce d'un itinéraire spirituel vient s'ajouter la promesse de « ce qu'on pourrait appeler [...] *les Mémoires d'une âme* », délivrant « toutes les impressions, tous les souvenirs, toutes les réalités, tous les fantômes [...] que peut contenir une conscience ».

Souvenir, aquarelle d'Eugène Lami (1800-1890).

Le projet des *Contemplations* ne se réduit donc pas strictement à l'autobiographie : les poèmes du recueil brassent – dans une dynamique d'échos et de jeux sur les dates – les thèmes de l'amour, de la jeunesse, de la mort, du deuil et de l'exil ; ils tendent, à travers l'écriture d'une destinée, à l'universel : « quand je vous parle de moi, je vous parle de vous », poursuit Hugo dans le même texte liminaire des *Contemplations*, invitant à son tour le lecteur à l'intériorité.

« LA VIE D'UN HOMME ET CELLE DES AUTRES »

Encadrées par deux poèmes dédiés à Léopoldine, fille chérie du poète morte noyée dans la Seine en 1843, les deux grandes parties du recueil se lisent à la lumière du deuil.

LES MÉMOIRES D'UNE ÂME

Les souvenirs regroupés dans les trois premiers livres d'*AUTREFOIS* (1830-1843) décrivent le temps d'avant le drame. Le livre I, *Aurore*, qui correspond au début de la vie du poète, narre sa jeunesse et son adolescence. Le livre II, *L'Âme en fleur*, relie le temps des jeunes amours, tout en laissant un mystère sur les dates, à l'urgence d'aimer (XXII, « Aimons toujours ! aimons encore ! »). Le livre III, *Les Luttes et les rêves*, retrace les engagements du poète depuis 1840.

La seconde partie du recueil, *AUJOURD'HUI* (1843-1855), s'ouvre avec le livre IV, *Pauca Meæ* (que l'on pourrait traduire par « Quelques vers à propos de ma fille »). Ce livre invite, dans des poèmes à l'esthétique sobre (« Demain dès l'aube… »), à une seconde lecture des souvenirs d'« Autrefois ». À travers le présent d'« Aujourd'hui » figé par le deuil et l'anéantissement d'un père, c'est aussi la voix poétique qui est menacée d'extinction : le père orphelin est également un poète proscrit. Quant aux livres V et VI, *En marche* et *Au bord de l'infini*, ils portent la marque de l'exil, autre variante du deuil et de la mort.

Portrait de Léopoldine Hugo (1837), dessin de Louis Boulanger.

QUÊTE MÉTAPHYSIQUE ET ART POÉTIQUE

Les Contemplations renvoient également à la fonction sacrée du poète, médium entre les hommes et l'au-delà : selon l'étymologie, *contempler* c'est examiner le ciel pour y déceler les auspices et décrypter les messages divins. Les songes et rêveries côtoient les souvenirs personnels et font du poète le compagnon privilégié des mystères de l'homme et de l'Univers (« Un jour que je regardais le ciel », *L'Âme en fleur*).

Vingt-cinq ans avant Rimbaud, Hugo se fait « voleur de feu », levant le voile sur la profondeur de l'ignorance humaine (« Magnitudo Parvi », *Les Luttes et les rêves*). Cette dimension métaphysique, qui augure de la modernité poétique, se double d'une dimension métatextuelle : nombre de poèmes des *Contemplations*, à travers souvenirs ou réflexions, se lisent comme des arts poétiques engagés (« Réponse à un acte d'accusation », *Aurore* ; « Melancholia », *Les Luttes et les rêves*).

Nicolas Flamel, gravure d'après un dessin de Rembrandt.

Dans le dernier vers d'*Ébauche pour la deuxième édition des Fleurs du mal* (1861), Charles Baudelaire écrit : « Tu m'as donné ta boue et j'en ai fait de l'or. » Comme le célèbre Nicolas Flamel (v. 1330-1418) au Moyen Âge, dont la légende raconte qu'il trouva le secret de la pierre philosophale capable d'opérer la transmutation des métaux en or, le poète alchimiste métamorphose la laideur en joyau. Cette harmonie du paradoxe, qui n'est pas sans rappeler certaines alliances baroques, renouvelle, à la suite du romantisme, l'esthétique du genre poétique.

UNE ESTHÉTIQUE DE L'ANTITHÈSE

Le Docteur alchimiste, gravure de Jacques Nicolas Tardieu (1716-1791).

Les motifs de la boue et de l'or sont porteurs d'une double contradiction : ils soulignent l'accès, en poésie, genre noble par excellence, de thèmes et de mots qui n'ont d'ordinaire pas droit de cité, et leur coexistence avec des images et des sujets traditionnels. Ainsi, Hugo définit le beau comme ayant « toujours quelque chose de bizarre » et allie le grotesque au sublime. Baudelaire, en parallèle, trouve la matière de ses poèmes dans des thématiques subversives qu'il fait cohabiter avec les modèles littéraires habituels.

Une poétique du contraste s'affirme donc dans la seconde moitié du XIXe siècle, côtoyant l'esthétique de « l'art pour l'art » prônée par les poètes du Parnasse. Elle se manifeste dans la mise en vers de thèmes audacieux (la figure du poète sous les traits d'un crapaud, dans *Les Amours jaunes* de Tristan Corbière, 1873), mais aussi dans la forme choisie. Ainsi, le sonnet, dont la forme est codifiée depuis le XVIe siècle, accueille en alexandrins les vers provocants de Verlaine (« Sonnet boiteux », *Jadis et Naguère*, 1884). De même au XXe siècle, « L'Ode inachevée à la boue » de Francis Ponge (*Pièces*, 1962) reprend de manière détournée une forme noble et antique dévolue au lyrisme.

Et lorsque Jacques Roubaud écrit « Le Lombric » (*Les Animaux de tout le monde*, 1983), il offre une nouvelle variation de l'immonde dans l'écrin du sonnet.

DES POÈTES VOYANTS

Science occulte, l'alchimie suppose en poésie une quête constante de cette beauté jaillie de la fange, de l'amoralité ou, plus simplement, du trivial et du quotidien. Les alchimistes du vers sont autant de « poètes maudits » qui théorisent, révèlent et renouvellent la beauté : Baudelaire est l'auteur d'« Alchimie de la douleur », tandis que Rimbaud écrit « Alchimie du verbe » (*Une saison en enfer*, 1873). Ils affirment ainsi leur posture de « voyant » qui ouvre vers « l'inconnu », « le nouveau ». Hugo se définit comme un médium entre le monde des vivants et l'au-delà. Rimbaud définit le poète comme « voleur de feu », nouvel Orphée revenu d'*une saison en enfer* et qui trouverait la pierre philosophale dans « un long, immense et raisonné dérèglement de tous les sens » (Lettre à Paul Demeny, 1871) ; il place ainsi la poésie au cœur de toutes les expériences et fait d'elle la résultante de correspondances inédites.

Charles Baudelaire à sa table de travail (1847), tableau de Gustave Courbet.

L'OR DE LA MODERNITÉ

La boue et l'or, c'est aussi la poésie qui naît du regard porté sur un quotidien en pleine transformation dans la phase d'industrialisation que connaît la France durant la seconde moitié du XIXe siècle, puis au siècle suivant. La ville des *Tableaux parisiens*, dans *Les Fleurs du mal*, personnifie l'immoralité. Cendrars se fait aussi poète de la ville moderne (« Ville-champignon », *Du monde entier*, 1912-1924). Apollinaire, au début de « Zone » (*Alcools*, 1913), célèbre la jeune tour Eiffel, dont la construction avait fait scandale.

Des thèmes et des mots nouveaux apparaissent ainsi en poésie, élargissant le champ des possibles. Le caractère incongru des images est également recherché par le surréalisme qui, dans la continuité du principe des correspondances, cherche à faire jaillir la poésie du contraste entre deux réalités opposées à l'extrême (André Breton, *Manifeste du surréalisme*, 1924).

L'AUTEUR

CHARLES BAUDELAIRE

LES FLEURS DU MAL

Genre : recueil poétique.

Objets d'étude : la poésie ; les réécritures ; un mouvement d'histoire littéraire et culturel : la naissance de la modernité.

Structure : six sections très inégales : *Spleen et Idéal* (85 poèmes), *Tableaux parisiens* (18 poèmes), *Le Vin* (5 poèmes), *Fleurs du mal* (9 poèmes), *Révolte* (3 poèmes), *La Mort* (6 poèmes).

Sujet : l'itinéraire d'une âme, l'âme du poète. *Spleen et Idéal*, représente le contraste entre l'élan vers le haut, l'idéal inaccessible et la chute (le spleen). *Tableaux parisiens*, montre la tentative d'une évasion dans le monde de la grande ville où le poète retrouve partout son image. *Le Vin* décrit le réconfort dans les paradis artificiels. Cette étape n'apporte qu'un repos transitoire. Vient alors l'abandon de l'être à la destruction qui le fascine. C'est le contenu de la section *Fleurs du mal*. *Révolte* est le moment du sarcasme et de la révolte contre Dieu. Il ne reste plus qu'une ultime tentative : trouver le repos dans la mort, dans l'inconnu absolu. C'est la fin de l'œuvre, la section *La Mort*.

Lectures de l'œuvre : le recueil concentre toute la production en vers de son auteur. Il a influencé profondément les poètes modernes. Rimbaud, Verlaine et Lautréamont poursuivent sa quête angoissée. Les surréalistes saluent en lui le voyant et l'inventeur du surnaturalisme. Mallarmé et Valéry recueillent l'héritage de l'exigence formelle et de la pureté poétique.

EXTRAIT

MŒSTA ET ERRABUNDA[1] (SPLEEN ET IDÉAL, LXII)

Dis-moi, ton cœur parfois s'envole-t-il, Agathe,
Loin du noir océan de l'immonde cité,
Vers un autre océan où la splendeur éclate,
Bleu, clair, profond, ainsi que la virginité ?
Dis-moi, ton cœur parfois s'envole-t-il, Agathe ?

La mer, la vaste mer, console nos labeurs !
Quel démon a doté la mer, rauque chanteuse
Qu'accompagne l'immense orgue des vents grondeurs,
De cette fonction sublime de berceuse ?
La mer, la vaste mer, console nos labeurs !

Emporte-moi, wagon ! enlève-moi, frégate[2] !
Loin ! loin ! ici la boue est faite de nos pleurs !
— Est-il vrai que parfois le triste cœur d'Agathe
Dise : Loin des remords, des crimes, des douleurs,
Emporte-moi, wagon, enlève-moi, frégate ?

Comme vous êtes loin, paradis parfumé,
Où sous un clair azur tout n'est qu'amour et joie,

1. *Mœsta et Errabunda* : triste et vagabonde.

2. Frégate : vaisseau rapide.

Où tout ce que l'on aime est digne d'être aimé,
Où dans la volupté pure le cœur se noie !
Comme vous êtes loin, paradis parfumé !

Mais le vert paradis des amours enfantines,
Les courses, les chansons, les baisers, les bouquets,
Les violons vibrant derrière les collines,
Avec les brocs de vin, le soir, dans les bosquets,
— Mais le vert paradis des amours enfantines,

L'innocent paradis, plein de plaisirs furtifs,
Est-il déjà plus loin que l'Inde et que la Chine ?
Peut-on le rappeler avec des cris plaintifs,
Et l'animer encor d'une voix argentine,
L'innocent paradis plein de plaisirs furtifs ?

CHARLES BAUDELAIRE

Nom : Charles Baudelaire.

Naissance : 1821, à Paris.

Famille : 1827, mort de son père ; 1828, sa mère se remarie avec le commandant Aupick, symbole de l'ordre bourgeois que le poète détestera.

Formation : Lycée Louis-Le-Grand ; 1841, découverte de l'exotisme et de la sensualité dans les mers du Sud. 1842, devenu majeur, il dilapide son héritage et sa famille lui impose un conseil judiciaire (Me Ancelle).

Début de carrière : Baudelaire publie à 24 ans sa première œuvre de critique d'art, *Le Salon de 1845*. Dans *Le Salon de 1846* il laisse éclater son admiration pour le peintre romantique Eugène Delacroix. En 1847 il découvre l'œuvre d'Edgar Poe.

Premiers succès : Les succès se font attendre. Baudelaire est connu des cercles littéraires, mais ses poèmes publiés en revue trouvent peu d'écho auprès du public et ne lui donnent pas les moyens matériels de vivre. 1857, la publication des *Fleurs du mal* est suivie d'un procès.

Évolution de la carrière littéraire : Baudelaire désormais célèbre donne une deuxième édition des *Fleurs du mal* en 1861. Me Ancelle lui verse une rente mensuelle qui lui assure une vie matérielle précaire. Le jeune poète gagne sa vie en écrivant des articles de critique d'art. Il consacre sa vie à la poésie, mais ses vers sont généralement peu compris de ses contemporains et ses rêves de gloire se heurtent à l'incompréhension du public.

Mort : 1867, mort à Paris à l'âge de 46 ans.

LES FLEURS DU MAL

Le Corbeau (1882), tableau d'Odilon Redon.

Parues la même année que le roman *Madame Bovary* (Gustave Flaubert, 1857), qui fit aussi scandale, *Les Fleurs du mal* font date dans l'histoire de la littérature. Par-delà la réception sulfureuse d'une œuvre condamnée en son temps pour immoralité, il convient avant tout, aujourd'hui, de la considérer comme profondément novatrice en matière d'esthétique poétique.

UNE COMPOSITION ENTRE PAROXYSME ET PARADOXE

La fleur désigne, de manière traditionnelle, le poème et symbolise la beauté. Par l'oxymore contenu dans leur titre, *Les Fleurs du mal* annoncent l'expression aboutie du mal en poésie à travers des poèmes dont la beauté maladive promet d'empoisonner le lecteur. Cette dualité contradictoire se retrouve dans la structure du recueil.

Illustration pour la partie *Spleen et Idéal* (1922), dessin et gravure de Maurice de Becque.

Une première partie, *Spleen et Idéal*, exprime la double aspiration de l'homme, vers Satan et vers Dieu, posture intenable entre la mélancolie et les désirs d'élévation. Une deuxième partie, regroupant les sections *Tableaux parisiens*, *Le Vin*, *Fleurs du mal* et *Révolte*, fait état des paradis artificiels permettant d'échapper à l'ennui. La troisième partie, *La Mort*, est présentée comme un voyage porteur d'apaisement. Selon une courbe régulière et cyclique, les poèmes font alterner élévation et spleen. La thématique de la mort termine par ailleurs chaque partie, signant la victoire du désespoir.

Ce principe structurel, complémentaire aussi bien qu'antithétique, est ensuite décliné dans toutes les thématiques des *Fleurs du mal*, reflétant le combat de l'homme au sein d'un univers structuré selon deux pôles, le ciel et l'azur, promesse de jours meilleurs, et le gouffre, qui inspire la terreur.

ALCHIMIE POÉTIQUE : LA BOUE ET L'OR

ALCHIMIE POÉTIQUE

Les thèmes de l'or et de la boue cheminent côte à côte au sein du recueil (« Tu m'as donné ta boue et j'en ai fait de l'or ») en privilégiant une écriture du contraste et de l'opposition. Ainsi, les poèmes « Une charogne », « La Muse malade » et « La Muse vénale » *(Spleen et Idéal)* redéfinissent de manière provocatrice la figure de la muse et le topos (lieu commun) du temps qui passe. L'examen de la bassesse, inhérente à toute condition humaine, est paradoxalement un moyen d'évasion par l'écriture poétique elle-même : l'invitation au voyage, motif récurrent chez Baudelaire – dont « Mœsta et Errabunda » *(Spleen et Idéal)* offre une illustration éloquente – se comprend également comme une invitation au renouveau poétique.

Si la facture des poèmes est classique dans son ensemble, le poète est aussi le traducteur de l'Univers : ses correspondances, échafaudées par la force d'images inédites qui privilégient l'allégorie et la métaphore, disent autrement la beauté ; elles sont l'aboutissement de son esthétique. À cet égard, le poème « Correspondances » *(Spleen et Idéal)* fait figure d'art poétique.

Angoisse (1894), tableau d'Edvard Munch.

UNE ESTHÉTIQUE DE LA MODERNITÉ

Pour reprendre une variante du titre utilisée dans la dédicace à l'ami et poète Théophile Gautier, ces « fleurs maladives » exhalent aussi un parfum de nouveauté. Celle-ci est palpable dans les thèmes du spleen ou de l'exotisme, en vogue à l'époque de Baudelaire, mais aussi de la ville, en pleine métamorphose et synonyme de dépravation (« Le Cygne »), très présente dans *Tableaux parisiens*, section ajoutée à l'édition de 1861.

Ces poèmes traduisent à la fois le dégoût du poète pour « la multitude vile » (« Recueillement ») et la fascination pour d'élégantes citadines (« À une passante ») ou pour des mendiantes qui s'improvisent muses (« À une mendiante rousse »). Le lexique introduit, à côté des termes lyriques traditionnels, des mots révélateurs de l'avènement d'une ère urbaine et industrielle (« wagon », « quinquet », « omnibus »).

Nature morte devant une fenêtre ouverte : place Ravignan (1915), tableau de Juan Gris.

« La modernité, c'est le transitoire, le fugitif, le contingent, la moitié de l'art, dont l'autre moitié est l'éternel et l'immuable », affirme Baudelaire (*Le Peintre de la vie moderne*, 1863), invitant à considérer cette notion à travers l'appropriation nouvelle de motifs récurrents hérités de la tradition. Loin de rejeter cette dernière, la poésie moderne y puise en effet à loisir formes et thèmes, tout en apportant sa propre originalité. La modernité poétique ne peut donc s'affirmer absolument : elle s'interroge.

DES STÉRÉOTYPES REVISITÉS

Chez les poètes qui précèdent ou suivent de peu Guillaume Apollinaire, le renouveau poétique tient principalement dans l'acte d'écriture. Ainsi, la muse des romantiques ne cesse pas, après eux, de donner l'inspiration. C'est elle que Rimbaud, entre autres, invoque dans « Ma bohème » (« J'allais sous le ciel, Muse ! et j'étais ton féal », *Les Cahiers de Douai*, 1870), créant un contraste saisissant entre cette référence et l'image d'un poète mendiant. De manière analogue, l'atmosphère médiévale de *Gaspard de la nuit* (Aloysius Bertrand, 1842) se fait vecteur de modernité en épousant la forme neuve du poème en prose.

Nature morte au pot de gingembre II (1911-1912), tableau de Piet Mondrian.

Par ailleurs, le lieu commun de la fuite du temps prend, chez Verlaine, une tonalité inédite, grâce à l'emploi du vers impair qui bouscule le rythme classique (*Romances sans paroles*, 1874). Dans cette même veine, les surréalistes, qui privilégient les thèmes de la femme (Paul Éluard), du destin (Robert Desnos, *Destinée arbitraire*, 1919-1926) ou de l'amour (André Breton, *L'Amour fou*, 1937), renouvellent ces leviers poétiques immuables par la fulgurance de l'écriture, que ce soit dans le collage ou dans l'écriture automatique.

UNE RÉFLEXION SUR LA FORME

Fruit d'un dialogue entre le fond et la forme, la modernité poétique fait état d'un questionnement sur celle-ci. Cette réflexion est progressive, relayée par les poètes des générations successives. Avant Apollinaire – lequel s'est affranchi de toute ponctuation, laissant le vers libre s'épanouir plus amplement –, « Le Bateau ivre » de Rimbaud, en un programme allégorique, tendait déjà à se libérer des normes poétiques, faisant en cela écho aux licences pratiquées plus tôt sur l'alexandrin par Baudelaire (notamment dans sa pratique du rejet) ou par Hugo (« Quelques mots à un autre », *Les Contemplations*). Cette évolution du vers ouvre naturellement la voie au poème en prose.

Toutefois, la remise en cause d'un type formel est loin d'être systématique. Ainsi, le blason, genre littéraire en vogue au XVIe siècle, est repris par Paul Éluard pour faire l'éloge d'une partie du corps féminin (« La courbe de tes yeux… », *Capitale de la douleur*, 1926). Le sonnet, quant à lui, forme ancienne (XVIe s.) aux règles strictes, reste prisé par la modernité et est toujours pratiqué par des poètes contemporains, tel Philippe Jaccottet, qui affectionne l'alexandrin (« Sois tranquille, cela viendra !... », *L'Effraie*, 1954).

Champ-de-Mars – La tour rouge (1911), tableau de Robert Delaunay.

IMAGES ET PROSAÏSME

La modernité tient aussi, paradoxalement, dans l'utilisation de techniques d'écritures ancestrales. Ainsi, les figures d'analogie que sont la comparaison ou la métaphore, qui définissent depuis toujours l'écriture poétique, se voient dotées d'une force nouvelle avec les surréalistes, pour qui l'image tire sa puissance de la rencontre improbable entre deux réalités éloignées (« La terre est bleue comme une orange », écrit, de manière simple et neuve, Paul Éluard ; « Ma femme aux doigts de hasard », décrit André Breton).

La réalité quotidienne, dans son prosaïsme et sa simplicité, réoxygène aussi la poésie : le cageot, la cigarette, l'huître, la bougie, qui font l'objet de poèmes en prose dans *Le Parti pris des choses* (Francis Ponge, 1942), sont autant de sujets d'inspiration inattendus qui suscitent d'innombrables jeux de mots ou de sonorités.

L'AUTEUR GUILLAUME APOLLINAIRE

ALCOOLS

Genre : recueil poétique.

Registres : l'élégie, la modernité.

Objets d'étude : le chagrin d'amour ; l'émoi devant la fuite du temps ; la poésie de la vie quotidienne, de la machine et de la ville.

Structure : le recueil rassemble librement des poèmes écrits entre 1898 et 1913. L'ordre de succession des textes n'est pas chronologique : le poème composé le plus tardivement, « Zone », forme une ouverture qui renforce le côté moderniste de l'ensemble.

Sujet : *Alcools* témoigne d'une riche diversité dans l'inspiration. À côté des poèmes symbolistes (« Merlin », « Le Larron »), on trouve des pièces élégiaques et lyriques (« Le Pont Mirabeau », « Marie »), ainsi que des poésies plus novatrices (« Les Fiançailles », « Cortège »). Les deux tendances, élégiaque et moderniste, s'unissent dans « La Chanson du Mal-Aimé », et surtout dans « Zone » où s'entremêlent la détresse affective, les souvenirs cosmopolites, la sensibilité au monde de la machine et de la ville moderne.

Lectures de l'œuvre : cette diversité a frappé les critiques dès la parution de l'œuvre ; Georges Duhamel a parlé à propos d'*Alcools* d'« une boutique de brocanteur parce qu'il est venu échouer dans ce taudis une foule d'objets hétéroclites [...] ». Par son sens de l'aventure, par son désir d'explorer l'inconnu, par la liberté de son imagination à l'égard de tout réalisme et de toute logique, Apollinaire a été considéré par André Breton comme un des annonciateurs du surréalisme.

EXTRAIT

LE PONT MIRABEAU[1]

Sous le pont Mirabeau coule la Seine
Et nos amours
Faut-il qu'il m'en souvienne
La joie venait toujours après la peine

Vienne la nuit sonne l'heure
Les jours s'en vont je demeure

Les mains dans les mains restons face à face
Tandis que sous
Le pont de nos bras passe
Des éternels regards l'onde si lasse

Vienne la nuit sonne l'heure
Les jours s'en vont je demeure

L'amour s'en va comme cette eau courante
L'amour s'en va

1. Le Pont Mirabeau : publié en février 1912 dans la revue *Les Soirées de Paris*, c'est le plus célèbre des poèmes d'Apollinaire. Inspiré par l'éloignement de Marie Laurencin, il est la « chanson triste de cette longue liaison brisée ». Le pont Mirabeau, dans la partie ouest de Paris, était celui qu'empruntait Apollinaire pour rentrer chez lui à Auteuil.

Comme la vie est lente
Et comme l'Espérance est violente

Vienne la nuit sonne l'heure
Les jours s'en vont je demeure

Passent les jours et passent les semaines
Ni temps passé
Ni les amours reviennent
Sous le pont Mirabeau coule la Seine

Vienne la nuit sonne l'heure
Les jours s'en vont je demeure

GUILLAUME APOLLINAIRE

Nom : Wilhelm Apollinaris de Kostrowitzky, dit Guillaume Apollinaire.

Naissance : le 26 août 1880, à Rome.

Famille : sa mère, Angelica de Kostrowitzky, est née d'un père polonais et d'une mère italienne ; son père, Francesco Flugi d'Aspermont, est un ancien officier de l'armée du royaume des Deux-Siciles.

Formation : études à Monaco, à Cannes, puis à Nice où il termine ses études secondaires. S'installe à Paris avec sa mère en 1899.

Début de carrière : *L'Hérésiarque*, premier texte signé Guillaume Apollinaire, paraît dans *La Revue blanche* en 1902. Apollinaire fréquente, à Montmartre, le Bateau-Lavoir où il se lie d'amitié notamment avec Picasso. Il devient critique d'art et se montre un ardent défenseur du cubisme et de la peinture avant-gardiste.

Premiers succès : il publie en revue « La Chanson du Mal-Aimé » (1909) et « Le Pont Mirabeau » (1912). Son recueil *Alcools* paraît en 1913. Il s'essaie aussi au calligramme (« Lettre-Océan », 1914), poème conçu comme un objet visuel et esthétique.

Évolution de la carrière littéraire : il s'engage dans l'artillerie (1914) puis part sur le front de Champagne (1915). Blessé à la tempe par un éclat d'obus (17 mars 1916), il est trépané le 9 mai 1916. Toujours actif sur la scène littéraire, il fait jouer *Les Mamelles de Tirésias* (1917), prononce sa conférence sur « l'Esprit nouveau et les poètes » (id.), publie *Calligrammes* (1918).

Mort : il meurt de la grippe espagnole le 9 novembre 1918, à Paris.

ALCOOLS

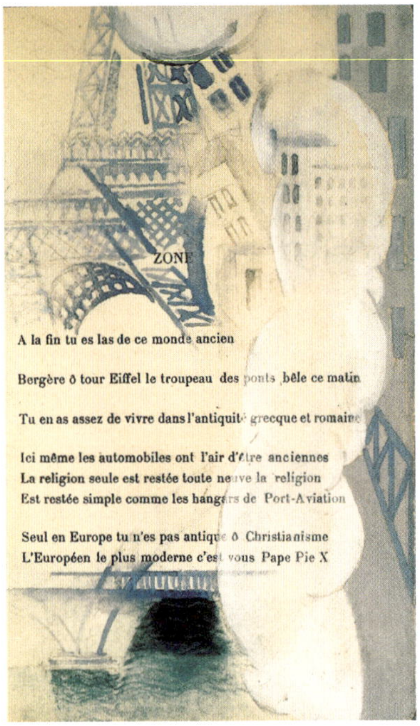

Alcools (1913), aquarelle de Louis Marcoussis.

« À la fin tu es las de ce monde ancien », écrit Apollinaire dans « Zone » (1913). Ce vers liminaire du premier poème du recueil pose la question de la modernité d'*Alcools*, à une époque où la poésie française cherche son mentor. Le titre, qui annonce une poétique de l'ivresse, traduit aussi la soif d'accéder à un autre univers par la nouveauté de l'écriture tout en puisant dans le vivier de sources d'inspiration anciennes.

À LA CROISÉE DES RÉFÉRENCES

La modernité d'*Alcools* tient tout d'abord dans le fait que sa poésie brasse des références de tous ordres au sein d'un même recueil. Celui-ci s'inscrit ainsi dans la tradition lyrique la plus ancienne, par ses références élégiaques à Rutebeuf (XIIIe s.), Villon (1431-apr. 1463), avec lequel il partage la hantise du temps qui passe (« Le Pont Mirabeau »), ou encore Ronsard, avec la réécriture du topos de la femme-fleur (« Les Colchiques »). Vient s'ajouter la présence de figures variées, issues des mythologies gréco-latine (Orphée, « Poème lu au mariage d'André Salmon »), judéo-chrétienne (Salomé et Jean-Baptiste, « Salomé »), germanique (« Nuit rhénane »), littéraire (Merlin, « Merlin et la vieille femme ») ou historique (« Zone »).

Guillaume Apollinaire et sa muse (1910), tableau de Max Jacob.

Mais la poésie d'*Alcools* n'est pas une simple succession d'emprunts : les mythes sont réappropriés et réactivés, comme celui d'Ulysse sous la plume d'un poète délaissé (« La Chanson du Mal-Aimé »). La force lyrique d'Apollinaire doit aussi son originalité aux accents contemporains qui se mêlent à la tradition : on retrouve chez lui la tonalité mélancolique de Verlaine (« Automne ») ou encore la filiation à Baudelaire et à Rimbaud ; comme ces derniers, Apollinaire considère le poète comme « voyant », véritable traducteur du monde.

MODERNITÉ POÉTIQUE ?

INNOVATIONS FORMELLES

La diversité ne se limite pas aux références : elle est également formelle. Cela tient tout d'abord à la juxtaposition de poèmes particulièrement longs (« Zone », « La Chanson du Mal-Aimé ») et d'autres très concis (« Chantre », « L'Adieu »). En outre, si la majorité des textes présente une versification régulière, le plus souvent en octosyllabes, d'autres sont en vers libres ou hétérométriques (comportant plusieurs types de vers : des heptasyllabes, des octosyllabes, des décasyllabes, etc.). C'est le cas de « Zone », dont le rythme nouveau procure une ivresse de lecture.

Cet esprit de liberté par rapport aux canons du genre, sans être systématique, se retrouve dans la diversité des strophes présentes dans des poèmes à l'allure parfois disloquée (« Zone »). Ajoutons que l'audace la plus flagrante, en 1913, est l'absence totale de ponctuation, systématisant ce qu'Arthur Rimbaud ou Stéphane Mallarmé avaient entrepris. Enfin s'ajoute un nouveau levier d'écriture, avec l'emploi d'un lexique éclectique qui emprunte tantôt à l'érudition, tantôt à la la vie quotidienne, sans s'interdire le néologisme.

Drame politique (1914), tableau de Robert Delaunay.

L'ESPRIT DU SURRÉALISME

L'influence d'Apollinaire pour la postérité est considérable. Si le début du XXe siècle est riche d'un point de vue artistique, la poésie a cependant besoin d'un souffle nouveau après l'extinction des voix symbolistes d'Arthur Rimbaud et Stéphane Mallarmé. Tout en utilisant leur héritage, Apollinaire fait figure de précurseur, usant des ciseaux et de la colle pour élaborer tel ou tel poème à partir d'un texte préexistant.

Cette écriture du collage, qui évoque la peinture cubiste et le jeu du cadavre exquis, fait la part belle au hasard et préfigure une esthétique de la surprise. Le surréalisme, terme d'ailleurs inventé par Apollinaire lui-même (*Les Mamelles de Tirésias*, 1917), ira beaucoup plus loin dans la voie ouverte par son maître, en pratiquant une liberté de ton et de forme privilégiant l'inconscient et le rêve.

L'Affaire Calas (1879), tableau de Casimir Destrem.

L'argumentation (ou genre argumentatif) – que recouvre la notion de littérature « d'idées » – met en relation un émetteur et un destinataire, le premier cherchant à entraîner l'adhésion du second à travers divers genres. Elle forme un mode de communication et de transmission qui emprunte notamment beaucoup à l'oral.

UN ACTE DE COMMUNICATION

L'identité de l'émetteur et du récepteur est capitale ; elle oriente la teneur et la forme du message. L'un et l'autre peuvent être un individu ou représenter un groupe. L'émetteur tient dans tous les cas compte de la personnalité de son public pour lui faire partager son point de vue. Il adapte le genre et le ton de son discours à l'autre.

Georges Danton à la tribune, lithographie du XIXe siècle.

LA CONSTRUCTION DE L'ARGUMENTATION

Dans une situation d'argumentation, le locuteur développe une thèse et considère les divergences et les oppositions qu'il doit combattre. La thèse constitue son opinion personnelle et structure l'ensemble de son propos. Étayé par des arguments eux-mêmes souvent illustrés par des exemples, son message est le plus souvent construit. Les connecteurs logiques relient les idées et rendent le discours fluide et cohérent. Sa transparence et sa clarté constituent une condition essentielle à son efficacité.

Dès l'Antiquité, la rhétorique, qui désigne l'art de l'éloquence, permet à l'orateur de composer son message en plusieurs parties pour capter l'attention de son auditoire et emporter son accord.

LES STRATÉGIES ARGUMENTATIVES

En fonction de l'objectif à atteindre et du public auquel il s'adresse, l'émetteur recourt à différentes stratégies. Il met parfois en place un discours logique faisant appel à la réflexion du destinataire pour le convaincre. Il peut le persuader en cherchant à l'émouvoir et à toucher sa sensibilité. Il utilise aussi l'attaque en combattant la thèse adverse et en pointant ses faiblesses ou ses défauts. Il recherche autrement la connivence du destinataire en déployant les gammes de l'humour, du comique à l'ironie en passant par la satire. L'éloquence (l'art de bien parler) forme un autre moyen percutant pour séduire le destinataire. Divers genres permettent l'argumentation.

La Première d'Hernani (25 février 1830) [1903], tableau d'Albert Besnard.

POUVOIRS ET ENJEUX DE L'ARGUMENTATION

L'éloquence est née en Grèce au Ve siècle avant J.-C. Dans la démocratie, les décisions étaient prises à l'issue de débats publics et chaque citoyen pouvait faire entendre sa voix. Encore aujourd'hui, le discours argumentatif impacte la vie politique, sociale et juridique, et définit même les critères esthétiques d'une époque. Il a la capacité de transformer le monde.

Mais l'argumentation est parfois accusée d'être un mode d'expression artificiel, qui cache une pensée vide et trompeuse. L'orateur peut également être considéré comme un manipulateur qui cherche à prendre le pouvoir par les mots, à fanatiser. Cette suspicion montre qu'à toutes les époques le langage est considéré comme un instrument dangereux et subversif. Le pouvoir qu'il incarne et la maîtrise qu'il requiert peuvent pourtant être perçus comme autant de moyens de saisir les enjeux de la parole, d'aller à la rencontre d'une vérité qui n'est pas offerte mais conquise et de mieux comprendre le monde.

L'Âge du papier, dessin paru dans *Le Cri de Paris* le 23 janvier 1898 (peu après la publication de *J'accuse* dans *L'Aurore* par Émile Zola).

Le Livre des merveilles de Marco Polo, manuscrit illustré par le Maître de Boucicaut et le Maître de Bedford (première moitié du XVe s.).

« Notre monde vient d'en trouver un autre. » Par cette formule concise, Montaigne (*Essais*, III, 6) exprime le choc et la fascination que suscite l'ébranlement des repères face à la découverte au XVe siècle du nouveau continent américain. Cette découverte change radicalement la représentation que l'homme se fait du monde et de lui-même, et vient nourrir la littérature de voyage. Réel ou fictif, ce dernier devient un outil de réflexion sur l'altérité et la connaissance de soi.

DU NOUVEAU MONDE

À la suite de Christophe Colomb, qui, en 1492, croyait atteindre les Indes, les explorateurs du Nouveau Monde confrontent leurs coutumes, croyances et modes de vie à ceux des populations indigènes vivant sous d'autres cieux. Dans la lignée du *Livre des merveilles* (1298) de Marco Polo, qui emmène son lecteur en Chine, le récit de leurs expéditions – préfigurant l'anthropologie moderne – traduit l'engouement exercé par la découverte du nouveau continent. Dans un esprit encore ethnocentrique, la *Relation originale du voyage de Jacques Cartier au Canada* (1534) décrit précisément la vie des Indiens Micmac, tout en faisant l'apologie des savoir-faire européens.

À l'inverse, le protestant Jean de Léry, qui connaît un franc succès avec son *Histoire d'un voyage fait en la terre du Brésil* (1578), relate, à travers des jugements parfois contradictoires, la vie des autochtones rencontrés ; il souligne chez eux une hospitalité naturelle qui contraste avec l'artifice de la politesse européenne. Ce récit inspire Montaigne, qui s'empare du sujet dans les *Essais* (« Des Cannibales », I, 31) – invitant, en soulignant la cruauté et la cupidité des Occidentaux, au relativisme.

Vue de Tlatelulco entourée par la lagune avec les bateaux indiens (1640), aquarelle de Panes.

L'ALTÉRITÉ VUE PAR LES LUMIÈRES

Le regard porté sur l'autre, et conséquemment sur soi-même, favorisé par la découverte du Nouveau Monde, devient plus précis avec les Lumières. L'essai de Montesquieu « De l'esclavage des Nègres » (*De l'esprit des lois*, XV, 5, 1748) condamne ainsi la servitude.

Par ailleurs, le mythe littéraire du bon sauvage, considéré, à l'inverse de l'homme civilisé, comme naturellement bon, s'étoffe. C'est le sujet de contes philosophiques comme *L'Ingénu* (1767) de Voltaire ; l'ouvrage met en effet en scène de manière fictive un Huron d'Amérique venu en Europe, qui fait, à travers le regard étonné et naïf de son héros, la critique des mœurs françaises. Le *Supplément au voyage de Bougainville* (1772) de Denis Diderot, qui reprend fictivement le *Voyage autour du monde* (1771) du navigateur du même nom, et dans lequel un Tahitien s'adresse à ce dernier, s'inscrit dans cette veine. On peut aussi citer François René de Chateaubriand, précurseur du romantisme, qui retire de son voyage en Amérique la nostalgie de l'état primitif dans lequel vivent les « bons Sauvages » (*Essai sur les révolutions*, 1797).

Premier Baptême des Indiens par les dominicains, tableau du XVIe siècle.

MONDES IMAGINAIRES

La question de l'altérité, développée par la confrontation au Nouveau Monde et les grandes découvertes, qui remettent en cause la place de la Terre dans l'Univers, élargit la réflexion sur les peuples à la condition humaine en général. Reprenant une tradition ancienne, celle du voyage imaginaire, l'*Histoire comique des États et Empires du Soleil* (1662) de Savinien de Cyrano de Bergerac, qui propulse l'homme sur le Soleil, renvoie de lui une image à taille réelle, c'est-à-dire quasiment insignifiante à l'échelle de l'Univers.

Ce rejet de l'anthropomorphisme se retrouve dans un conte philosophique dont l'oxymore du titre, *Micromégas* (Voltaire, 1752), est éloquent : le héros éponyme, dont le nom signifie « Petit-Grand », est confronté, lors d'un voyage dans l'espace, aux différentes échelles de l'Univers qui sont pour l'espèce humaine autant d'invitations à considérer une approche relativiste du monde.

L'AUTEUR

MONTAIGNE

ESSAIS

Genre : essai.

Registres : polémique, satirique (et ironique), épidictique (éloge et blâme), pathétique.

Structure : 3 « livres » (parties), 107 chapitres.

Sujet : Montaigne exerce son « jugement » sur divers sujets, indiqués par les titres des chapitres, comme « De l'institution des enfants », « De l'amitié » (la préposition « de » signifie *au sujet de*). Certains formulent un jugement que l'essai doit justifier (« Que philosopher c'est apprendre à mourir »), d'autres sont plus allusifs (« Sur des vers de Virgile »). La composition est très libre.

La réflexion se nourrit des textes antiques, de son expérience personnelle et d'un examen attentif de soi, distribuant dans son ouvrage les éléments d'un autoportrait. La connaissance de soi est le fondement de la sagesse : pour bien conduire sa vie, il faut respecter les valeurs morales, connaître la nature humaine et particulièrement son propre tempérament.

Lectures de l'œuvre : les *Essais* nous font dialoguer avec une personnalité originale et attachante, un humaniste lucide dont la réflexion est précieuse et la langue savoureuse.

EXTRAIT

DES COCHES[1] (III, 6)

Notre monde vient d'en découvrir un autre (et qui nous garantit que ce soit le dernier de ses frères, puisque les Démons, les Sibylles[2], et nous, en ignorions jusqu'ici l'existence ?), qui n'est pas moins grand, moins peuplé, moins organisé que le nôtre ; et cependant, il est si nouveau, si enfant, qu'on lui apprend son A, B, C, et qu'il n'y a pas cinquante ans, il ne connaissait ni lettres, ni poids, ni mesures, pas plus que l'art de se vêtir et pas davantage le blé et la vigne ; tout nu, au sein et il ne vivait que par sa mère nourrice. Si nous étions fondés à admettre que notre poète avait raison de dire que son siècle était en pleine jeunesse, et nous à conclure que notre monde avance vers sa fin[3], cet autre monde rayonnera alors que le nôtre sera sur son déclin et l'univers sera frappé d'hémiplégie ; une moitié de lui-même sera percluse, tandis que l'autre sera dans toute sa vigueur. Je crains bien toutefois que nous ayons très fort hâté le dépérissement et la ruine de ce dernier venu, pour être entré en communication avec lui, et que nous lui fassions payer cher nos idées et nos actes. C'était un monde dans l'enfance ; ne l'avons-nous pas fouetté et asservi à nos errements, en abusant de notre supériorité et des forces dont nous disposions ? En tout cas, nous ne l'avons pas conquis par notre justice et notre bonté, ni subjugué par notre ma-

1. Orthographe modernisée (édition de Gaspard-Edmond Michaud, 1907).

2. Les Démons : esprits surnaturels, bienfaisants ou malfaisants ; les Sibylles : prophétesses, pythonisses.

3. Les prédicateurs chrétiens annonçaient régulièrement la fin du monde, qu'ils situaient vers le milieu du XVIIe siècle.

gnanimité[4]. La plupart des réponses de ses habitants, dans les négociations engagées avec eux, témoignent qu'ils ne nous le cédaient en rien en fait d'esprit naturel et de pertinence. Ils ne nous sont pas davantage inférieurs sous le rapport de l'industrie, ainsi qu'en témoigne la merveilleuse magnificence des villes de Cusco et de Mexico, où se voyaient, entre autres choses surprenantes, le jardin de ce roi où tous les arbres, les fruits et les plantes étaient, avec une ressemblance parfaite, reproduits en or en vraie grandeur et disposés comme cela se voit dans tout autre jardin ; de même étaient reproduits de semblable façon, dans son cabinet de curiosités[5], tous les animaux existant dans ses états ou vivant dans les mers qui les baignent ; nous en pouvons également juger par la beauté de leurs ouvrages où ils utilisaient les pierreries et les plumes, par ceux qu'ils confectionnaient en coton et par leurs peintures. Quant à leur piété, la manière dont ils observaient les lois, leur bonté, leur libéralité, leur loyauté et leur franchise, notre infériorité sous ce rapport nous a été des plus utiles ; ils ont été victimes de ce qu'ils valaient mieux que nous à cet égard, par là ils se sont vendus et trahis eux-mêmes.

4. Magnanimité : grandeur d'âme.

5. Cabinet de curiosités : pièce où l'on exposait tout ce qui était rare, singulier, qui suscitait la curiosité (objets, animaux empaillés, cartes géographiques, etc.).

MONTAIGNE

Nom : Messire Michel Eyquem, seigneur de Montaigne.

Naissance : 28 février 1533, au château de Montaigne, aux confins du Périgord et du Bordelais.

Formation : apprentissage précoce du latin (comme une langue maternelle) ; études au collège de Guyenne, à Bordeaux, puis études de droit, de lettres, de philosophie (Montaigne sera conseiller à la cour des aides de Périgueux puis au parlement de Bordeaux).

Début de sa carrière : en 1569, publie à Paris une traduction de la *Théologie naturelle* de Raymond Sebond, que son père lui avait demandée.

Premiers succès : 1580, à Bordeaux, première édition des *Essais* (en deux livres), qu'il offre à Henri III ; l'ouvrage est réédité à Paris en 1587.

Évolution de la carrière littéraire : 1588, à Paris, nouvelle édition des *Essais*, considérablement augmentée (trois livres) ; continue à enrichir ses trois livres d'additions en vue d'une nouvelle édition (qui sera assurée par Marie de Gournay en 1595).

Mort : le 13 septembre 1592 ; inhumé à l'église des Feuillants à Bordeaux.

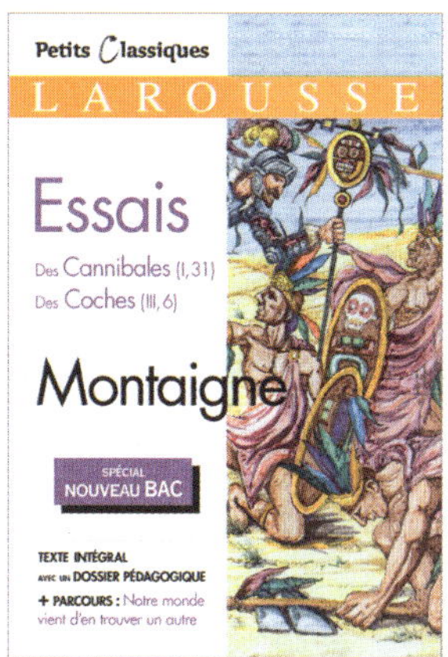

SYNTHÈSE

ESSAIS

Frontispice pour l'édition de 1588.

Composés au cours des vingt dernières années de la vie de Montaigne et enrichis par des ajouts successifs jusqu'à sa mort, les *Essais* (1580-1588) interrogent leur époque, celle notamment de l'exploration du continent américain. La lecture du chapitre « Des Cannibales » (I, 31), qui se réfère au peuple Tupinamba du Brésil, et celle du chapitre « Des Coches » (III, 6), qui évoque l'empire aztèque du Mexique et les Incas du Pérou, invitent en effet à remettre en question coutumes et préjugés du Vieux Continent.

UNE MATIÈRE LITTÉRAIRE

Amorcée en 1492, la découverte du Nouveau Monde s'étend bientôt à l'Amérique centrale et à l'Amérique du Sud. Le mouvement de colonisation qu'elle provoque est un sujet qui passionne Montaigne. En témoignent deux chapitres des *Essais* qui se font écho, puisque « Des Coches » (III, 6) fait référence (« témoin mes Cannibales ») au chapitre 36 du livre I.

L'Enfance de Michel Montaigne, tableau de Pierre-Nolasque Bergeret (1782-1863).

Cependant, la singularité de l'auteur est de dépasser la dimension historique de ces récits pour en faire, au moyen d'une écriture pratiquant volontiers la digression et la citation, un sujet littéraire. L'inspiration de témoignages écrits des membres de différentes expéditions (Jean de Léry, Francisco López de Gómara) ainsi que les références aux Anciens se mêlent à la première personne. Les faits historiques, sous la plume de Montaigne, s'insèrent dans la trame autobiographique : l'expérience personnelle qu'il a des Indiens (« Des Cannibales ») donne ainsi au regard porté sur le monde la marque de l'authenticité.

L'ETHNOCENTRISME EN QUESTION

Montaigne se livre, dès le début du chapitre « Des Cannibales », à une remise en question de la notion de barbarie. Il invite ainsi à combattre l'ethnocentrisme des Européens que véhicule « la voix commune » envers des peuples inconnus et méprisés. Le barbare se trouve alors être « d'abord celui qui croit en la barbarie », pour reprendre le mot de Claude Lévi-Strauss (*Race et Histoire*, 1952).

Ce regard élargi conduit à reconsidérer l'individu du Nouveau Monde, dont les désirs ne sont gouvernés que par « les lois naturelles ». Ainsi, le mythe du bon sauvage, non encore perverti par la civilisation, s'esquisse. Le propos de Montaigne évolue cependant d'un chapitre à l'autre : s'il regrette que la découverte du Nouveau Monde n'ait pas eu lieu plus tôt, ce qui aurait permis aux peuples découverts d'être instruits par les Anciens (« Des Cannibales »), il remet plus tard explicitement en cause la légitimité de la colonisation (« Des Coches »). De même, il nuance l'état de nature, dont il fait d'abord l'éloge dans le premier des deux chapitres, pour souligner ensuite la hiérarchie qui existe entre les États du Nouveau Monde ainsi que le degré élevé de civilisation des Mexicains (« Des Coches »).

Vue du château de Montaigne, en Dordogne. Gravure de Beaugeard.

UN ENSEIGNEMENT MORAL

La leçon de relativisme offerte par Montaigne, à travers la remise en question de la colonisation, s'inscrit tout d'abord dans l'esprit humaniste, pour qui la question de l'altérité a une importance fondamentale. La comparaison des mœurs des Cannibales avec celles des Européens, en outre, prend son sens avec la référence à l'Antiquité et la caution des préceptes délivrés par les Anciens.

Par ailleurs, en montrant la sagesse et l'intelligence des Cannibales ainsi que les qualités morales des sauvages de Cusco et de Mexico, il fustige la cruauté et la cupidité des conquistadors (« Des Coches »), invitant le lecteur européen à son propre examen de conscience. Ces analyses viennent servir la portée morale de son entreprise. Montaigne ponctue ainsi son texte de maximes usant du présent de vérité générale (« chacun appelle barbarie ce qui n'est pas de son usage ») pour souligner le caractère à la fois actuel et universel des enjeux qu'il aborde.

Frontispice pour l'édition 1755-1759 des *Fables* de La Fontaine, gravure de Charles-Nicolas Cochin fils.

« *Placere et docere* » : plaire et instruire. Cette injonction du poète latin Horace (*Art poétique*, Ier s. av. J.-C.) semble résumer à elle seule le défi de l'esthétique classique qui couvre le règne de Louis XIV (1643-1715), en dépit de la querelle entre les Anciens, qui s'inspirent des textes de l'Antiquité, et les Modernes, partisans de nouvelles formes. Ainsi, plaisir et enseignement s'imposent comme le lien naturel et logique entre le pouvoir des images et le courant rationnel de la pensée, tant dans des formes variées que dans des genres précis.

LES MORALISTES DU GRAND SIÈCLE

Le lien entre imagination et pensée s'illustre tout d'abord avec le courant moraliste, qui se développe dans un XVIIe siècle marqué par les tensions religieuses et politiques. Cette littérature d'idées ne saurait cependant se réduire à l'austérité. Sous la plume des Anciens, elle a séduit par la diversité et la richesse des tons employés dans leurs œuvres : qualifié de « vif, précis, délicat » par Voltaire, le style des *Réflexions ou Sentences et maximes morales* (1664) de La Rochefoucauld, qui renvoient aux maximes de l'empereur philosophe Marc Aurèle (IIe s. apr. J.-C.), est ainsi apprécié pour sa brièveté. On salue l'esprit brillant des *Caractères* (1688) de La Bruyère, dont le but est explicitement d'instruire sans renoncer à plaire, comme l'auteur le dit dans sa préface : « On ne doit parler, on ne doit écrire que pour l'instruction ; et s'il arrive que l'on plaise, il ne faut pas néanmoins s'en repentir, si cela sert à insinuer et à faire recevoir les vérités qui doivent instruire. » C'est ce qu'entend faire aussi Mme de Sévigné, dans ses *Lettres* qui captivent le lecteur en même temps qu'elles l'instruisent par le recours à l'anecdote. Jean de La Fontaine poursuit ce même but de manière originale, en remettant au goût du jour le genre de la fable.

« Le Vieillard et les trois jeunes Hommes », gravure de Gustave Doré (1832-1883).

L'IMAGINAIRE DES MODERNES

Puiser l'inspiration dans les textes antiques n'est cependant pas du goût des Modernes, qui s'adaptent à leur temps et à leur public. Le plus représentatif de leurs auteurs est Charles Perrault, partisan de nouvelles formes, qui fait du conte populaire un genre à part entière s'adressant à tous.

Ses *Histoires ou Contes du temps passé* (1697), inspirés de légendes en vers, vont au cœur de l'imaginaire et du merveilleux pour dispenser leur morale. La visée didactique reste le but fondamental, ainsi que l'auteur le dit dans sa préface des *Contes en vers* (1694) : « ces bagatelles [ne sont pas] de pures bagatelles », « [elles renferment] une morale utile », « le récit enjoué [n'a été] choisi que pour les faire entrer plus agréablement dans l'esprit et d'une matière qui instruisît et divertît tout ensemble ».

« L'Ours et l'Amateur des jardins », gravure de Jacques Jean Pasquier (XVIIIe s.).

LA FICTION ROMANESQUE

Le roman devient aussi le lieu d'articulation entre imagination et pensée. À travers les différentes formes d'un genre qui se complexifie, les auteurs mettent la fiction au service de la réflexion. Ainsi, le roman pastoral d'Honoré d'Urfé, *L'Astrée* (1607-1627), propose une méditation sur les sentiments qui gouvernent l'âme, tout comme celui de Mlle de Scudéry, *Clélie* (1654-1660), qui, avec sa « Carte du Tendre » (voir p. 50), offre un voyage allégorique dans les méandres du cœur humain, représentatif du courant précieux. Mme de Lafayette, de son côté, esquisse la psychologie du personnage romanesque soumis à la bienséance, illustrant ainsi l'esthétique classique.

Mais l'homme n'est pas uniquement considéré d'un point de vue sociétal : l'*Histoire comique des États et Empires de la Lune* (1657) et l'*Histoire comique des États et Empires du Soleil* (1662) de Savinien de Cyrano de Bergerac, dans un récit préfigurant la science-fiction, le mettent en scène dans son acception anthropologique.

L'AUTEUR

JEAN DE LA FONTAINE

FABLES

Genre : fable, à l'imitation des Anciens, notamment Ésope et Phèdre. Le genre est aussi appelé apologue.

Forme : vers libres (c'est-à-dire de différents mètres), avec une dominante pour les alexandrins (12 syllabes), les décasyllabes (10) et les octosyllabes (8).

Structure : douze livres de longueur différente. Au total 240 fables en trois recueils : premières *Fables* publiées en 1668 ; suite parue en 1678-1679 (deuxième recueil) puis en 1693-1694 (troisième recueil).

Personnages : divers et variés et au nombre de 469. Parmi eux on compte 125 animaux, 123 hommes, 85 personnages mythologiques, 80 personnages légendaires ou historiques, 15 femmes, 15 personnages inanimés, 12 végétaux, 7 éléments naturels et 6 allégories. Parmi les personnages animaux qui reviennent le plus : le loup, le chien, le renard, le lion, l'âne. Parmi les humains : le roi (32 fois), le berger (14 fois), le seigneur (8 fois), le sage (9 fois) ; les « dieux » se rencontrent à 61 reprises et Dieu à 26.

EXTRAIT

LE POUVOIR DES FABLES (LIVRE VIII, 4)

[...]

Dans Athène[1] autrefois, peuple vain et léger,
Un orateur, voyant sa patrie en danger,
Courut à la tribune ; et, d'un air tyrannique,
Voulant forcer les cœurs dans une république,
Il parla fortement sur le commun salut.
On ne l'écoutait pas. L'orateur recourut
À ces figures violentes
Qui savent exciter les âmes les plus lentes :
Il fit parler les morts, tonna, dit ce qu'il put ;
Le vent emporta tout ; personne ne s'émut.
L'animal aux têtes frivoles,
Étant fait à ces traits, ne daignait l'écouter ;
Tous regardaient ailleurs : il en vit s'arrêter
À des combats d'enfants, et point à ses paroles.
Que fit le harangueur ? Il prit un autre tour.
« Cérès, commença-t-il, faisait voyage un jour
Avec l'anguille et l'hirondelle :
Un fleuve les arrête ; et l'anguille en nageant,
Comme l'hirondelle en volant,
Le traversa bientôt. » L'assemblée à l'instant
Cria tout d'une voix : « Et Cérès, que fit-elle ?
— Ce qu'elle fit ! un prompt courroux
L'anima d'abord contre vous.
Quoi ! de contes d'enfants son peuple s'embarrasse ;
Et du péril qui le menace

1. Athènes.

Lui seul entre les Grecs il néglige l'effet !
Que ne demandez-vous ce que Philippe fait ! »
À ce reproche l'assemblée,
Par l'apologue réveillée,
Se donne entière à l'orateur.
Un trait de fable en eut l'honneur.

Nous sommes tous d'Athène en ce point ; et moi-même,
Au moment que je fais cette moralité,
Si *Peau d'âne* m'était conté,
J'y prendrais un plaisir extrême.
Le monde est vieux, dit-on : je le crois ; cependant
Il le faut amuser encor comme un enfant.

JEAN DE LA FONTAINE

Nom : Jean de La Fontaine.

Naissance : 7 ou 8 juillet 1621.

Famille : bonne bourgeoisie ; père conseiller du roi et maître des Eaux et Forêts.

Enfance : orphelin de mère vers 14 ans ; études à Paris. Étudie la rhétorique latine.

Formation : études de droit interrompues pour entrer à l'Oratoire, en vue d'une carrière ecclésiastique ; après un an et demi, retour au droit.

Début de carrière et vie adulte : se marie à vingt-six ans avec Marie Héricart. Fréquente les milieux lettrés. En 1652, achète une charge de maître des Eaux et Forêts ; publie *L'Eunuque*, inspiré de Térence (1654).

Premiers succès : écrit deux longs poèmes, *Adonis* et *Le Songe de Vaux*, pour Fouquet qui le protège (1658-1659), puis un recueil de *Contes et Nouvelles* (1665).

Gloire et difficultés : publie un nouveau recueil de Contes, puis fait paraître, en 1668, les six premiers livres des *Fables*, ainsi qu'un roman en prose et en vers, *Les Amours de Psyché et de Cupidon*. Après la disgrâce de Fouquet, perd son titre de « gentilhomme servant ». Il est accueilli par Mme de La Sablière (1672). Rencontre avec les grands auteurs du moment : Molière, Racine, Boileau.

La consécration : rédige un livret d'opéra pour Lully (*Daphné*), fait paraître d'autres *Contes* puis, en 1678, une nouvelle édition des *Fables*. À l'Académie française, où il est élu en 1684, il lit son *Discours à Mme de La Sablière*, forme de confession personnelle. Il prend parti pour les Anciens contre les Modernes, écrit un nouvel opéra, *L'Astrée*.

Les dernières années : en 1693, se réfugie chez des amis parisiens. Rédige ses dernières fables, accepte de renier ses contes et décide de faire pénitence.

La mort : le 13 avril 1695. En 1817, son corps sera transporté au cimetière du Père-Lachaise.

FABLES (LIVRES VII À XI)

« Le Singe et le Chat », gravure de Jean-Baptiste Oudry (1686-1755).

« Le monde est vieux, dit-on : je le crois, cependant / Il le faut amuser encor comme un enfant », conclut Jean de La Fontaine dans « Le Pouvoir des fables » (livre VIII, fable 4). Ces deux vers résument la conception que se fait l'auteur de l'instruction, nécessairement jointe à l'imagination et à l'agrément. Œuvre d'un poète âgé, les *Fables* (1678-1679 pour les livres VII à XI, qui constituent le deuxième recueil) jettent un regard critique et indépendant sur la société, dont elles dénoncent les travers tout en s'évertuant à captiver leur auditoire.

DUALITÉ DE LA FABLE

« Le corps est la fable, l'âme la moralité », écrit La Fontaine dans sa préface. Là réside la particularité d'un genre qui remonte à l'Antiquité et qui trouve son plein épanouissement avec La Fontaine. Du latin *fabula*, qui signifie « histoire », la fable a donc partie liée avec la narration tout en impliquant deux temps dans la lecture. Le premier, celui du récit, plus long, allégorique, est empreint du plaisir lié à la narration (« Si *Peau d'âne* m'était contée / J'y prendrais un plaisir extrême »). Le second est celui de la morale, ou moralité, concise et souvent détachée du « corps » : celle-ci invite à une seconde lecture, plus en profondeur, de l'histoire.

À l'inverse, la force de l'enseignement est aussi tempérée par le charme du récit. L'harmonie de la fable se dégage ainsi de ces deux mouvements dissymétriques qui relèvent le défi d'unir le talent du conteur à l'enseignement du moraliste (« le conte fait passer le précepte avec lui », dit La Fontaine). Parfois cependant, la morale se fond dans l'apologue, illustrant la cohérence profonde des deux éléments.

« La Laitière et le Pot au lait », gravure de Jean-Baptiste Oudry.

IMAGINATION ET PENSÉE AU XVIIE SIÈCLE

DU DIVERTISSEMENT

Pour plaire, condition essentielle, La Fontaine varie. Le fabuliste a ainsi recours à des sources plurielles. Il va notamment puiser chez Pilpay, sage indien du IIIe siècle avant J.-C., tout en continuant à exploiter la veine des fabulistes de l'Antiquité (le Grec Ésope, VIIe-VIe s. av. J.-C., et le Latin Phèdre, Ier s. apr. J.-C.). La *variatio* se vérifie aussi dans la forme. De longueur variable, certaines fables pratiquent l'hétérométrie, qui relance le rythme et l'attention, quand d'autres adoptent une métrique régulière.

La diversité se retrouve encore dans la facture du récit. Si La Fontaine met en effet parfois en scène des animaux pour donner de la distance à son propos, ses protagonistes sont également humains ou allégoriques, ce qui brise l'illusion du masque : ainsi, « La Mort et le Mourant » (VIII, 1) illustre l'angoisse existentielle. Par ailleurs, La Fontaine sait surprendre et étonner, tant par la mise en scène de situations invraisemblables (« L'Huître et les Plaideurs », IX, 9) et de chutes inattendues, que par sa faculté à convoquer tour à tour la mythologie, l'histoire ou l'actualité.

« La Tortue et les deux Canards », gravure de Jean-Baptiste Oudry.

ÉDIFIER LE PUBLIC

Conformément à la visée des moralistes, la fable a pour rôle d'édifier son public. Les valeurs dispensées sont ainsi celles de l'honnête homme du XVIIe siècle, qui voit dans le « *placere et docere* » (plaire et instruire) l'occasion de réaffirmer ses qualités de sagesse et de courtoisie. L'enseignement s'effectue par la dénonciation des travers humains. Il peut s'agir de défauts universels, qui donnent lieu à des morales aux allures de proverbes (« Rien ne sert de courir ; il faut partir à point »), ou des travers de la Cour, espace du paraître, de l'hypocrisie, de l'injustice (« Les Obsèques de la Lionne », VIII, 14).

La visée didactique des fables va cependant plus loin que la critique : en filigrane des défauts humains se lisent les qualités auxquelles l'homme doit tendre : derrière l'excès, la mesure ; derrière l'angoisse, la quiétude (« La Mort et le Mourant », VIII, 1).

Le Livre des merveilles de Marco Polo, manuscrit illustré par le Maître de Boucicaut et le Maître de Bedford (première moitié du XVe s.).

Reprenant le titre d'un célèbre ouvrage de l'anthropologue Claude Lévi-Strauss (1908-2009) publié en 1983, « le regard éloigné » implique la faculté de mise à distance du monde environnant par un être qui en rencontre ou en imagine un autre. C'est là l'une des fonctions de la littérature d'idées, qui, en adoptant un autre point de vue que le point de vue établi, combat l'ethnocentrisme en permettant un regard à la fois objectif et critique.

VOIR L'AUTRE

Dans le sillage des grandes découvertes et du Nouveau Monde, qui remettent en cause la place de l'homme à l'échelle de l'Europe et qui viennent nourrir la littérature de voyages, se développe, au XVIIe puis au XVIIIe siècle, le goût de l'exotisme. La passion des voyages qui s'empare alors de la société française généralise cette littérature de l'ailleurs à tous les genres : essais, romans épistolaires et contes philosophiques.

Illustration extraite de l'édition originale d'*Utopia* (1516) de Thomas More.

Ces écrits, outre les connaissances nouvelles qu'ils apportent sur des peuples inconnus, permettent en contrepoint de prendre conscience des travers de la civilisation européenne, et d'en faire la critique de manière implicite à une époque qui pratique la censure, celle de l'Ancien Régime. Le regard éloigné n'est donc pas simplement ce qui autorise la description de nouvelles contrées, il est aussi à la source du relativisme auquel tout un chacun est invité.

LE REGARD INVERSÉ

Le regard éloigné, c'est également le regard inversé. C'est l'angle qu'adopte par exemple quiconque décrit et dénonce la Cour, dans un chapitre des *Caractères* de La Bruyère (« De la Cour », 1688). C'est aussi la particularité des *Lettres persanes* (Montesquieu, 1721) qui soulignent, à travers le regard d'Usbek et Rica, deux Persans séjournant en Europe, toutes les particularités des Européens de leur époque.

Ce procédé littéraire de l'illusion du regard neuf donne paradoxalement au lecteur le gage d'une analyse juste et authentique. La fiction du conte philosophique fait aussi usage de cet exotisme inversé. *L'Ingénu* de Voltaire (1767), dont le titre est éloquent, use ironiquement du regard étonné d'un Huron débarqué en France. Celui-ci se livre à une analyse aussi naïve que juste des pratiques politiques et religieuses du vieux pays. Ce regard éclairé se lit ainsi particulièrement dans les ouvrages des écrivains des Lumières, qui font appel au merveilleux et à l'imaginaire. *Micromégas* (Voltaire, 1752), inspiré des *Voyages de Gulliver* (Jonathan Swift, 1726), offre le regard d'un géant sur la Terre et sur ses habitants.

Micromégas, gravure de Charles Monnet (1732-1808).

CONCEVOIR UN MONDE IDÉAL

Le regard éloigné, c'est aussi être capable de dépasser l'analyse comparée de ces mondes disjoints pour imaginer une société idéale. C'est le cas avec l'utopie, conception qui remonte à l'Antiquité et qui désigne, par son étymologie, le lieu qui n'existe pas. Dessinant les contours d'une société où règne l'harmonie pour le bonheur de tous, paradoxale et irréaliste, l'utopie est un modèle notamment prisé par les humanistes, qui peuvent à travers elle faire la critique de la société dans laquelle ils vivent, de manière détournée.

C'est le cas de Rabelais (*Gargantua*, 1534), avec l'abbaye de Thélème, qui dispense à ses hôtes une éducation totalement libre et humaniste. Les penseurs des Lumières oseront, de leur côté, en parallèle des contes philosophiques, rendre compte avec hauteur de leur vision du monde en élaborant les bases d'une société plus juste (Montesquieu, *De l'esprit des lois*, 1748 ; Jean-Jacques Rousseau, *Du contrat social*, 1762).

L'AUTEUR MONTESQUIEU

LETTRES PERSANES

Genre : roman épistolaire.

Structure : narration entrecoupée de « dissertations », de satires. Variété des sujets, des tonalités et des discours.

Principaux personnages : Usbek et Rica (les héros), Ibbi et Jaron (serviteurs), Fatmé, Roxane, Zachi, Zélis, Zéphis (épouses d'Usbek), Ibben, Mirza, Nargum, Nessir, Rhédi, Rustan (les amis), les eunuques, gardiens du sérail.

Sujet : à la fin du règne de Louis XIV et pendant la Régence, deux Persans, Rica et Usbek, voyagent en France et en Europe. À travers leurs lettres à leurs amis, ils posent un regard neuf, empli de distance critique, sur les défauts de la civilisation française du début du XVIIIe siècle. Capable de hauteur de vue sur les préjugés de l'Occident, Usbek est cependant aveugle sur les siens : il règne en tyran sur un sérail qui se révolte, le roman s'achevant par le suicide de Roxane, son épouse préférée, rédigé « en direct » dans l'ultime lettre.

EXTRAIT

LETTRE XXXVII

Usbek à Ibben, à Smyrne.

Le roi de France est vieux. Nous n'avons point d'exemple dans nos histoires d'un monarque qui ait si longtemps[1] régné. On dit qu'il possède à un très haut degré le talent de se faire obéir : il gouverne avec le même génie sa famille, sa cour, son État. On lui a souvent entendu dire que, de tous les gouvernements du monde, celui des Turcs, ou celui de notre auguste sultan, lui plairait le mieux, tant il fait cas de la politique orientale.

J'ai étudié son caractère, et j'y ai trouvé des contradictions qu'il m'est impossible de résoudre. Par exemple, il a un ministre[2] qui n'a que dix-huit ans, et une maîtresse[3] qui en a quatre-vingts ; il aime sa religion, et il ne peut souffrir ceux qui disent qu'il la faut observer à la rigueur ; quoiqu'il fuie le tumulte des villes, et qu'il se communique peu, il n'est occupé, depuis le matin jusques au soir, qu'à faire parler de lui ; il aime les trophées et les victoires, mais il craint autant de voir un bon général à la tête de ses troupes, qu'il aurait sujet de le craindre à la tête d'une année ennemie. Il n'est, je crois, jamais arrivé qu'à lui d'être, en même temps, comblé de plus de richesses qu'un prince n'en saurait espérer, et accablé d'une pauvreté qu'un particulier ne pourrait soutenir.

Il aime à gratifier ceux qui le servent ; mais il paye aussi libéralement les assiduités, ou plutôt l'oisiveté de ses

1. Longtemps : Louis XIV est né en 1638. En 1713, date de la lettre d'Usbek, il a donc 75 ans et règne depuis 70 ans.

2. Un ministre : il s'agirait du marquis de Barbézieux, fils de Louvois, ou du marquis de Cany, fils de Chamillard.

3. Une maîtresse : Mme de Maintenon avait 78 ans ; Louis XIV l'avait épousée secrètement en 1684.

courtisans, que les campagnes laborieuses de ses capitaines. Souvent il préfère un homme qui le déshabille, ou qui lui donne la serviette lorsqu'il se met à table, à un autre qui lui prend des villes ou lui gagne des batailles. Il ne croit pas que la grandeur souveraine doive être gênée dans la distribution des grâces, et, sans examiner si celui qu'il comble de biens est homme de mérite, il croit que son choix va le rendre tel : aussi lui a-t-on vu donner une petite pension à un homme qui avait fui deux lieues, et un beau gouvernement à un autre qui en avait fui quatre. Il est magnifique, surtout dans ses bâtiments : il y a plus de statues dans les jardins de son palais que de citoyens dans une grande ville. Sa garde est aussi forte que celle du prince devant qui les trônes se renversent ; ses armées sont aussi nombreuses, ses ressources aussi grandes, et ses finances aussi inépuisables.

De Paris, le 7 de la lune de Maharram, 1713.

MONTESQUIEU

Nom : Charles-Louis de Secondat de La Brède, dit Montesquieu.

Naissance : le 18 janvier 1689 au château de La Brède, près de Bordeaux.

Formation : élève au collège oratorien de Juilly (diocèse de Meaux), études de droit. Avocat, conseiller au Parlement de Bordeaux, il hérite d'une charge de président à mortier.

Début de sa carrière : membre de l'Académie des sciences de Bordeaux ; ses discours ont un grand succès. En 1716, il conseille au Régent d'amoindrir les impôts.

Premiers succès : les *Lettres persanes*, écrites entre 1717 et 1720, première œuvre de Montesquieu, paraissent anonymement en 1721. Face à l'ampleur du succès, alors qu'il fréquente les salons parisiens, il s'en reconnaît l'auteur. En 1724, il fait paraître *Le Temple de Gnide*, poème en prose licencieux. En 1728, il est élu à l'Académie française. Après un tour d'Europe, il écrit *Considérations sur les causes de la grandeur des Romains et de leur décadence* (1734).

Publications majeures : *De l'esprit des lois*, en 1748. Il publie anonymement cet ouvrage, fondamental pour l'histoire du droit et des idéaux démocratiques, qui est mis à l'Index (le pape en interdit la lecture) en 1751. Il participe à l'*Encyclopédie* et rédige notamment l'article « Goût ».

Mort : il meurt le 10 février 1755. Diderot est le seul « philosophe » à suivre son enterrement.

LETTRES PERSANES

Montesquieu en costume de président au parlement de Bordeaux (1718), tableau de Jean Lapenne.

Publiées anonymement en Hollande en 1721, les *Lettres persanes* rencontrent un vif succès. Novateur, ce roman épistolaire polyphonique couvre les années qui précèdent et suivent la mort du Roi-Soleil, en 1715. À travers le regard éloigné d'Usbek et Rica, deux Persans qui séjournent en France, se dessinent habilement la critique du despotisme et la satire de la société d'une époque sur laquelle semble déjà souffler l'esprit des Lumières.

UN ROMAN NOVATEUR

La forme du roman choisie par Montesquieu ne doit rien au hasard. Écrites à l'aube des Lumières, à une période où le genre romanesque peine à être reconnu, les *Lettres persanes* offrent l'originalité du renouvellement. Le caractère épistolaire, en premier lieu, est relativement inédit : « Mes *Lettres persanes* apprirent à faire des romans en lettres », dira l'auteur. Le procédé de correspondance, qui offre un gage de vraisemblance, est en effet abondamment repris par la suite : les *Lettres d'un sauvage dépaysé* (1738) de Jean Joubert de La Rue, les *Lettres iroquoises* (1752) de Jean-Henri Maubert de Gouvest ou encore *Les Lettres d'Amabed* (1772) de Voltaire montrent la richesse du procédé qui permet, sous le regard de l'étranger, critique et réflexion.

La seconde particularité du roman est la polyphonie : la pluralité des épistoliers offre une variété de points de vue, de tons et de registres, faisant ainsi oublier la voix propre d'un auteur qui recherche à la fois protection et authenticité.

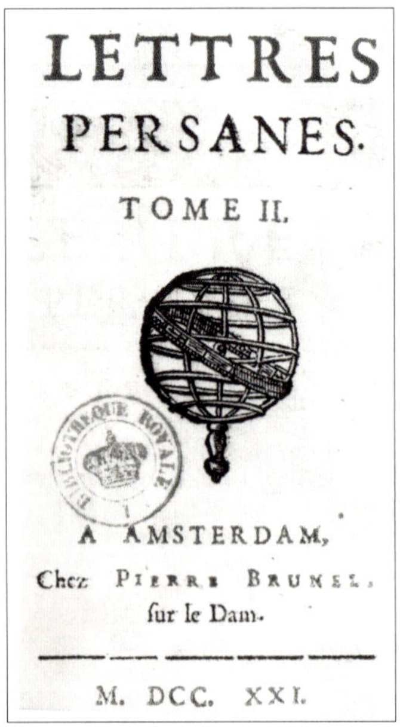
LETTRES
PERSANES.
TOME II.
A AMSTERDAM,
Chez Pierre Brunel,
sur le Dam.
M. DCC. XXI.

Page de titre de l'édition originale des *Lettres persanes* (1721).

LE REGARD DE L'ÉTRANGER

Les *Lettres persanes* ont aussi la particularité d'offrir un double regard, tant sur l'Europe du début du XVIIIe siècle que sur les mœurs des Persans. En effet y sont entrecroisées la relation de la révolte des épouses d'Usbek, restées au sérail avec leurs eunuques, et celle de la découverte de l'Europe et de Paris par les deux Persans.

L'orientalisme du roman, très en vogue à l'époque – où il a alors pour rôle de créer une atmosphère favorable à la rêverie du lecteur –, remplit ici une autre fonction : il s'inscrit en contrepoint de la réflexion sur les us et coutumes de la société européenne. En effet, plus les deux Persans s'adaptent, plus le sérail se désagrège dans leur esprit. Loin de peindre un idéal, l'image terrifiante et réaliste de la tyrannie pratiquée dans le sérail d'Usbek fait écho à l'analyse des deux Persans sur le pouvoir absolu en France. Ce phénomène tout à la fois de répétition et de variation ouvre l'accès à une réflexion plus large, plaçant le regard éloigné au-dessus de tout point de vue.

Estampe de Charles Martin (1848-1934) pour les *Lettres persanes* (1926).

UNE ŒUVRE SATIRIQUE

De la satire, les *Lettres persanes* ont l'allure par la diversité et la discontinuité qui les caractérisent, mais aussi par l'esprit polémique, caractéristique des Lumières, qui souffle sur l'œuvre avec ironie et humour. La satire sociale se lit dans une cinquantaine de lettres ; on retient par exemple les portraits d'un directeur, d'un financier ou d'un poète, brossés dans la lettre XLVIII. Certains tableaux rappellent en outre l'esprit des moralistes du siècle passé, et notamment *Les Caractères* (1688) de La Bruyère.

La satire est ensuite politique et ridiculise la monarchie particulièrement : la lettre XXXVII se moque de Louis XIV, la lettre CVII de Louis XV. Elle est enfin religieuse par sa critique de l'intolérance et du clergé. Si l'Occident est visé, avec le pape dans la lettre XXIX, l'Orient et ses interdictions en la matière ne sont pas non plus épargnés (lettre XVIII).

Perceval ou le Conte du Graal (v. 1180) de Chrétien de Troyes.
Miniature datée de 1470.

Au Moyen Âge, le roman désigne d'abord la langue romane puis les écrits dans cette langue, qui se distinguent des écrits latins utilisés à l'Église, à l'Université ou dans l'Administration.

PETITE HISTOIRE DU GENRE

À l'origine, en tant que genre, le roman naît pour désigner un récit en vers relatant les aventures d'un héros imaginaire. Les plus emblématiques sont alors les romans de chevalerie de Chrétien de Troyes ou les différentes versions du roman de la légende de Tristan et Iseut, qui s'adressent à la noblesse dont ils renvoient une image idéalisée. Ils n'ont aucun souci du réel, multipliant les épisodes merveilleux.

Au XVIe siècle, le roman se métamorphose avec l'humaniste François Rabelais (v. 1494-1553) : à travers l'histoire des géants Gargantua et Pantagruel, l'auteur parodie les romans épiques médiévaux et rehausse le genre, qui livre désormais une réflexion vivante sur l'homme ; l'éducation, la religion, le savoir, les voyages et la politique deviennent les thèmes principaux de l'univers romanesque. L'horizon de l'homme s'étend ; le roman traduit cet élargissement et s'ancre dans la réalité. La trivialité des situations, leur grossièreté, la veine comique relèvent de cet enracinement dans le réel. Le roman n'en continue pas moins d'être considéré comme un genre mineur.

Vie inestimable du grand Gargantua (1534) de François Rabelais. Gravure de Gustave Doré (1858).

Au XVIIe siècle, il se diversifie tout en étant toujours méprisé par rapport au théâtre et à la poésie. Des romans héroïques et précieux voient le jour, comme *L'Astrée* (1607-1628) d'Honoré d'Urfé (1567-1625) ; le raffinement des sentiments, la multiplicité des intrigues et des personnages rendent l'audience du genre réduite. Cette idéalisation est contrebalancée par le surgissement de romans réalistes, comme le roman picaresque et le roman comique. Ils mettent en scène des personnages ordinaires et traduisent les aspirations d'un public bourgeois. La naissance du roman psychologique marque un tournant dans l'histoire du genre ; son principal représentant est *La Princesse de Clèves* (1678) de Mme de Lafayette (1634-1693). La passion amoureuse, située sous le règne d'Henri II, y est analysée avec une acuité extrême.

Le XVIIIe siècle coïncide avec le foisonnement des genres romanesques : romans épistolaires, romans philosophiques, romans réalistes ou romans sentimentaux se multiplient. Cette variété révèle à quel point le genre cherche à refléter la complexité et la totalité du monde.

Le XIXe siècle consacre le roman. Deux tendances s'illustrent : le roman romantique (parfois historique) et le roman réaliste. Le roman devient un univers à lui seul ; les progrès de l'alphabétisation et les nouveaux modes de publication (développement des maisons d'édition, romans-feuilletons) en font un genre de masse.

Aux XXe et XXIe siècles, le roman reste l'un des genres les plus lus en France. Cependant, il connaît une crise importante après la Seconde Guerre mondiale avec le nouveau roman, qui brouille les repères habituels du lecteur. Il se popularise de plus en plus, notamment avec le développement du roman policier.

DU MÉPRIS À LA RÉHABILITATION

Pourquoi le roman est-il resté si longtemps dans l'ombre ? Sans doute parce qu'il a été durablement associé au mensonge et à l'artifice : quelle légitimité accorder à un ouvrage d'imagination dans lequel l'écrivain semble ne rien mettre de lui-même ou imiter, à sa façon, la réalité la plus plate ? Le roman a aussi été en procès pendant des siècles car il a été taxé de facilité. N'obéissant à aucune règle, se renouvelant sans cesse, ne se limitant à aucun sujet, il se révèle comme un genre d'une grande plasticité, qui déstabilise le lecteur en quête de valeurs et de repères esthétiques.

Nana (1877), tableau d'Édouard Manet.

Il gagne certainement ses premières lettres de noblesse lorsqu'il s'attache au réel. La fiction devient un moyen d'expliquer les mécanismes du monde et de l'homme et, ainsi, d'accéder à une vérité supérieure. Le mensonge conduit paradoxalement à l'authenticité. L'univers ne s'offre plus de manière brute et immédiate, mais est ordonné, organisé. Au lieu d'offrir un monde éparpillé, il fabrique le destin des personnages sur mesure et permet au lecteur de chercher une unité.

INDIVIDU, MORALE ET SOCIÉTÉ

Tristan et Iseut boivent ensemble le breuvage amoureux.
Miniature datée de 1470.

En construction par rapport à la société et ses valeurs, le personnage de roman, depuis le Moyen Âge jusqu'au XXIe siècle, est en constante évolution. Incarnation d'un idéal ou, au contraire, des mœurs les plus libertines, son individualité se définit souvent par rapport à des pôles antagonistes. Mais, au-delà de cette alternative, il est également celui qui, en la représentant, propose une réflexion sur la société.

LE HÉRAUT D'UN IDÉAL MORAL

Longtemps conçu pour véhiculer un idéal moral, le roman aux origines du genre ne laisse guère de place à l'individu dans sa singularité. Depuis le Moyen Âge jusqu'au XVIIe siècle, en effet, la création littéraire qu'est le personnage de roman se construit de façon binaire. Ainsi, les chevaliers des romans de Chrétien de Troyes incarnent les valeurs de leur classe et prônent un idéal établi sur l'exploit et l'amour courtois.

La Princesse de Clèves (1961), film de Jean Delannoy.

À l'inverse, les héros du roman éponyme *Tristan et Iseut* (Thomas et Béroul, XIIe s.) se construisent à rebours de la morale de leur temps. Ce principe d'opposition est également repris sur un mode satirique dans le *Roman de Renart* (XIIe et XIIIe s.). Quelques siècles plus tard, avec les romans de Rabelais (XVIe s.), la société utopique imaginée par l'auteur n'accepte en son sein que les individus cultivés. Ainsi, jusqu'au XVIIe siècle, le héros ne se départ pas d'une conception idéale de la société : il ne s'en détache que pour la déconstruire.

NAISSANCE DU HÉROS MODERNE

Cette relation devient plus nuancée lorsque le personnage ne se construit plus seulement par rapport à un idéal, mais aussi à travers la réalité de la société. Ainsi, l'auteure qui marque un tournant dans la conception du personnage romanesque est sans conteste Mme de Lafayette, avec *La Princesse de Montpensier* (1662) puis *La Princesse de Clèves* (1678), dont les héroïnes sont divisées entre la passion qui les assaille et la morale imposée par leur temps.

Réussissant le défi d'une peinture psychologique fine et inédite du personnage de roman, Mme de Lafayette prône les valeurs de la société de son siècle, mais en dénonce aussi les valeurs perverties. Elle signe ainsi le premier roman moderne, au sens où l'individu, même s'il reste fidèle à son idéal de vertu, est enfin envisagé dans toute sa complexité.

André Malraux vers 1933, à l'époque de *La Condition humaine*.

DE L'ANTIHÉROS À L'INDIVIDU ENGAGÉ

À l'image de la société, l'individu est donc aussi la représentation des transgressions de la morale. Ainsi, *Les Liaisons dangereuses* (1782) de Choderlos de Laclos bafouent les valeurs de la société pour promouvoir celles du libertinage : Mme de Merteuil, manipulatrice perverse, incarne une héroïne aux antipodes de la princesse de Clèves. Cette question du positionnement de l'individu par rapport à la société devient centrale dans les romans réalistes du XIXe siècle, où le personnage, souvent incapable de suivre les codes moraux, devient un antihéros (Julien Sorel dans *Le Rouge et le Noir*, Stendhal, 1830).

Par la suite, du XXe au XXIe siècle, le roman achève la déconstruction d'un héros désormais en marge de la société : le personnage de Meursault (*L'Étranger*, Albert Camus, 1942), dénué de tout sentiment, est en ce sens révélateur. L'amoralité qui se dégage des personnages illustre une société ébranlée dans ses repères. A contrario, les carences et traumatismes de celle-ci peuvent aussi être le point de départ d'une réflexion morale sur la société de la part du personnage : c'est le cas de Tchen dans *La Condition humaine* (1933) d'André Malraux, ou encore, plus récemment, des personnages campés par Michel Houellebecq (*Sérotonine*, 2019).

LA PRINCESSE DE CLÈVES

Genre : forme narrative inédite se situant entre le roman précieux, la nouvelle historique, le roman d'analyse et le roman d'apprentissage.

Structure : un récit principal dans lequel viennent s'enchâsser des récits plus brefs.

Principaux personnages : Mlle de Chartres, devenue la princesse de Clèves : jeune fille d'une quinzaine d'années ; Mme de Chartres, sa mère ; le prince de Clèves : un jeune homme ; le duc de Nemours : « l'homme du monde le mieux fait et le plus beau ».

Sujet : la jeune Mlle de Chartres épouse le prince de Clèves, qui l'aime mais qu'elle n'aime pas. Le lendemain, elle découvre l'amour en la personne du duc de Nemours, qui l'aime en retour. Voulant rester fidèle à son époux, elle lui avoue sa passion et tente de s'éloigner de la Cour ; mais cet aveu ne fait qu'accélérer le cours des événements : le prince de Clèves finit par mourir de jalousie et la princesse, mue par le remords tout autant que par le sens du devoir, renonce à l'amour du duc et se retire du monde.

EXTRAIT

TROISIÈME PARTIE

M. de Clèves était demeuré pendant tout ce discours, la tête appuyée sur ses mains, hors de lui-même, et il n'avait pas songé à faire relever sa femme. Quand elle eut cessé de parler, qu'il jeta les yeux sur elle, qu'il la vit à ses genoux le visage couvert de larmes et d'une beauté si admirable, il pensa mourir de douleur, et l'embrassant en la relevant :

« Ayez pitié de moi vous-même, madame, lui dit-il, j'en suis digne, et pardonnez si, dans les premiers moments d'une affliction aussi violente qu'est la mienne, je ne réponds pas, comme je dois, à un procédé comme le vôtre. Vous me paraissez plus digne d'estime et d'admiration que tout ce qu'il y a jamais eu de femmes au monde, mais aussi je me trouve le plus malheureux homme qui ait jamais été. Vous m'avez donné de la passion dès le premier moment que je vous ai vue, vos rigueurs et votre possession n'ont pu l'éteindre ; elle dure encore ; je n'ai jamais pu vous donner de l'amour, et je vois que vous craignez d'en avoir pour un autre. Et qui est-il, madame, cet homme heureux qui vous donne cette crainte ? Depuis quand vous plaît-il ? Qu'a-t-il fait pour vous plaire ? Quel chemin a-t-il trouvé pour aller à votre cœur ? Je m'étais consolé en quelque sorte de ne l'avoir pas touché par la pensée qu'il était incapable de l'être. Cependant un autre fait ce que je n'ai pu faire. J'ai tout ensemble la jalousie d'un mari et celle d'un amant, mais il est impossible d'avoir celle d'un mari après un procédé comme le vôtre. Il est trop noble pour ne me pas donner une sûreté entière, il me console même comme votre amant. La confiance et la sincérité que vous avez pour moi sont d'un prix infini ; vous m'estimez assez pour croire que je n'abuserai pas de cet aveu. Vous avez raison, madame, je n'en abuserai pas, et je ne vous en aimerai pas moins. Vous me rendez malheureux par la plus grande marque de fidélité que jamais une femme ait donnée à son mari. Mais, madame, achevez, et apprenez-moi qui est celui que vous voulez éviter.

— Je vous supplie de ne me le point demander, répondit-elle, je suis résolue de ne vous le pas dire, et je crois que la prudence ne veut pas que je vous le nomme.

MADAME DE LAFAYETTE

Nom : Mme de Lafayette, née Marie-Madeleine Pioche de La Vergne.

Naissance : 18 mars 1634.

Famille : fille de Marc Pioche, officier de petite noblesse, et d'Isabelle Péna, sa seconde femme, issue d'une grande famille provençale. Deux sœurs cadettes.

Début de carrière : Marie-Madeleine s'intègre rapidement au milieu précieux parisien, et fréquente les lieux les plus prisés, tels que les salons de Mlle de Scudéry et de l'hôtel de Rambouillet. Elle est liée à la fois à des hommes et à des femmes de lettres, comme Mme de Sévigné et le poète Gilles Ménage, et à des personnalités politiques comme Anne d'Autriche. Elle fait un mariage de raison avec un veuf de grande famille, mais désargenté, François de Lafayette, dont elle aura deux fils.

Premiers succès : à partir de 1558, Marie-Madeleine devient l'une des personnalités les plus en vue des salons. Elle continue à étendre son réseau mondain, se rapprochant notamment de Henriette d'Angleterre (future Madame), de l'érudit Huet, du romancier Segrais, et bientôt du moraliste La Rochefoucauld. En 1662 paraît *La Princesse de Montpensier*, son premier roman, qu'elle ne revendique pas officiellement. En 1678 paraît *La Princesse de Clèves*, que, là encore, elle ne revendique que très indirectement ; le roman n'en est pas moins un grand succès. Suivront une courte nouvelle, *La Comtesse de Tende*, et des *Mémoires de la cour de France*.

Mort : dans les années 1680, Mme de Lafayette affronte plusieurs deuils et déceptions familiales ; elle finit sa vie dans une retraite pieuse et austère, et meurt le 26 mai 1693.

LA PRINCESSE DE CLÈVES

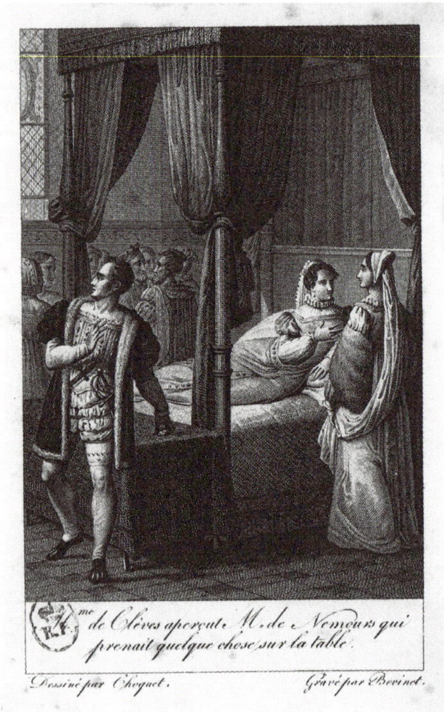

La Princesse de Clèves.
Gravure (1820) de Bovinet d'après un dessin de Choquet.

Publiée de façon anonyme en 1678, *La Princesse de Clèves* de Mme de Lafayette connaît d'emblée un vif succès. Ce roman, qui met en scène la passion de l'héroïne éponyme pour le duc de Nemours, est aussi celui de la lutte de l'individu face au poids de la morale et du regard de la société. En outre, en réservant le rôle principal à une femme décrite dans son intimité et son intériorité, l'auteure donne à son personnage l'étoffe de la modernité.

LA SOCIÉTÉ DU XVIE VUE PAR CELLE DU XVIIE SIÈCLE

En dépit de son cadre historique qui renvoie au XVIe siècle, *La Princesse de Clèves*, à la croisée de diverses influences, offre un panorama des valeurs et contre-valeurs morales de la société du XVIIe siècle. Le courant précieux, tout d'abord, par la conception sombre qu'il a de l'amour et du mariage, marque fortement l'œuvre de Mme de Lafayette.

Par ailleurs, le XVIIe siècle (appelé aussi le Grand Siècle) est également celui des moralistes. Comme ces derniers, l'auteure de *La Princesse de Clèves* dénonce le monde du paraître qu'est la Cour, régie par les sentiments les moins nobles. En cela, elle rejoint la réflexion de Blaise Pascal sur le divertissement de l'homme qui cherche à échapper à la finitude de sa condition. Cette vision peu engageante de la société du XVIIe siècle est rendue possible par le voyage dans le temps que propose l'auteure – la cour d'Henri II (1547-1559) évoquant celle du Roi-Soleil (1643-1715).

Clélie (1654-1660) de Madeleine de Scudéry.
La « Carte du Tendre ».

INDIVIDU, MORALE ET SOCIÉTÉ

LA MORALE À L'ÉPREUVE DE LA PASSION

La Princesse de Clèves, qui paraît à une époque où la tragédie classique est en plein essor, est elle-même un roman de la passion : la faute inaugurale de Mme de Chartres (qui entend « donner à sa fille un mari qu'elle ne pût aimer ») et celle du roi, des reines et de la dauphine (du fait de la présentation de Nemours à la princesse), assujettissent les personnages principaux. Ainsi, par ses imprudences, le duc de Nemours accélère l'enchaînement tragique. Mme de Chartres et le prince de Clèves, eux aussi, concourent à la passion en la favorisant chez leur fille et épouse. Au centre de tous les enjeux, la princesse lutte, en un combat intériorisé. Ce cheminement, depuis la rencontre jusqu'à l'entrevue finale avec le duc, qui marque la défaite du feu passionnel, fait de *La Princesse de Clèves* un roman d'apprentissage à vocation morale : l'héroïne, victorieuse de la passion qui offre de l'amour une version destructrice, parvient à l'apaisement final grâce à la succession d'épreuves morales.

La Princesse de Clèves (1961), film de Jean Delannoy.
Marina Vlady dans le rôle de la princesse de Clèves.

SOCIÉTÉ ET MORALE : REGARDS CROISÉS

« […] et sa vie, qui fut assez courte, laissa des exemples de vertus inimitables », conclut l'auteure au sujet de la princesse, à la dernière phrase du roman. C'est, paradoxalement, retirée du monde, loin du regard d'autrui, que l'héroïne peut vivre selon l'idéal moral de la société alors que celle-ci fait en réalité la promotion du paraître.

Ce monde d'apparences qu'est la Cour pèse de tout son poids sur le personnage. D'abord, en renvoyant de l'individu, qui est appelé à briller, une image superficielle. Ensuite, en l'interrogeant dans son rapport à la morale. Ainsi, Mme de Chartres offre un exemple de cette tension entre vérité et apparence. Si elle fait office de directrice de conscience en condamnant sévèrement la passion de sa fille, elle met également celle-ci en garde contre le déshonneur social qui en découlerait si l'amour l'emportait. L'héroïne à qui l'on prête souvent les traits de Mme de Lafayette fait ainsi la synthèse des exigences morales et sociales auxquelles est soumis l'individu.

La Confession d'un enfant du siècle (1836) d'Alfred de Musset.
Aquarelle d'Eugène Lami (1800-1890).

Longtemps considéré comme un genre mineur, le roman acquiert ses lettres de noblesse au XIXe siècle. La société dans laquelle le personnage évolue devient le théâtre des batailles qu'il livre pour conquérir son identité, parfois à ses dépens. À travers ce rapport au monde houleux s'ébauche une esthétique composite du personnage de roman : introspection, arrivisme ou échec sont autant de valeurs et contre-valeurs représentatives d'un héros devenu protéiforme.

INTÉRIORITÉ DU PERSONNAGE DE ROMAN

Le début du XIXe siècle est marqué par le traumatisme d'une Révolution non encore accomplie. La Terreur puis l'Empire, suivis de la Restauration, sont autant de soubresauts qui participent au mal de vivre qui s'empare de toute une génération en manque de repères.

En littérature, cet état de crise se traduit par l'éclosion du romantisme, marqué par un repli sur soi. Le personnage de roman devient alors un personnage qui dit « je » et revendique son identité en se livrant avec minutie à l'introspection. Dans la lignée de Jean-Jacques Rousseau (*Julie ou la Nouvelle Héloïse*, 1761 ; *Les Confessions*, 1782-1789), Alfred de Musset théorise ce mal de vivre dans *La Confession d'un enfant du siècle* (1836) : à travers les effets de la passion subie par l'auteur pour George Sand émerge un personnage de roman devenu le héraut de son paysage intérieur.

Honoré de Balzac (1842), daguerréotype de Louis-Auguste Bisson.

L'ESTHÉTIQUE RÉALISTE

Reflet des valeurs de son temps, le personnage de roman s'affirme également en réaction au romantisme.

Le personnage tend alors, à partir du milieu du XIXe siècle, à imiter le réel dans cette période si dense en bouleversements politiques, industriels, sociétaux. « Miroir qui se promène sur une grande route », selon la formule de Stendhal, le roman ne cherche pas à embellir la réalité. Les personnages, campés dans la réalité historique, font « vrai » – qu'il s'agisse de ceux de Stendhal, dont l'esthétique s'attache à l'analyse des sentiments (*Le Rouge et le Noir*, 1830), ou de ceux d'Honoré de Balzac.

En effet, l'auteur de *La Comédie humaine* (1829-1855) déploie, à travers la centaine de romans qui composent son œuvre, des milliers de caractères précis retraçant les mœurs de la Restauration (1814-1830) et de la monarchie de Juillet (1830-1848). À la fois individualisé mais représentatif de la société, le personnage balzacien n'est plus un héros mais un individu ordinaire. C'est donc l'objectivité qui s'érige progressivement en valeur esthétique. Par le jeu des points de vue, Gustave Flaubert (*Madame Bovary*, 1857) et Guy de Maupassant (*Bel-Ami*, 1885) créent par ailleurs des antihéros donnant à lire la bêtise, l'insatisfaction ou la médiocrité.

Portrait d'Émile Zola (1868), tableau d'Édouard Manet.

LE PERSONNAGE, MESSAGER DE LA SOCIÉTÉ

Dans la continuité du réalisme et mû par le même souci de vérité, le naturalisme s'appuie sur le déterminisme pour expliquer l'homme et la société à travers les créations littéraires que sont les personnages. Émile Zola est le principal représentant de ce mouvement. L'auteur du cycle des *Rougon-Macquart*, dont les vingt romans qui le constituent retracent l'« Histoire naturelle et sociale d'une famille sous le second Empire » (1871-1893), explique par les lois de l'hérédité et le contexte social les causes des dérèglements psychiques qui précipitent l'individu dans la misère.

Ainsi, les personnages représentent l'engagement de leur auteur et sa prise de position face à des problématiques inhérentes à la société de l'époque. Par exemple, personnage principal de *Germinal* (1885), Étienne Lantier se fait le dénonciateur de l'injustice sociale qui exploite les ouvriers du monde de la mine.

L'AUTEUR

STENDHAL

LE ROUGE ET LE NOIR

Genre : roman sous-titré *Chronique du XIXe siècle*. Une chronique est un récit de faits, généralement authentiques, rapportés dans l'ordre où ils se sont déroulés.

Lieux principaux de l'action : Verrières et Vergy, petites villes de Franche-Comté où les Rênal possèdent leurs deux maisons ; Besançon (le séminaire au livre I et la prison au livre II) ; Paris et le faubourg Saint-Germain, où se trouve l'hôtel de La Mole ; Londres et Strasbourg, où Julien est envoyé en mission.

Époque de l'action : à la fin du roman, en 1830, Julien a 23 ans alors qu'il en a 19 au début : les faits racontés se déroulent donc de 1826 à 1830, alors que le livre est écrit en 1830.

Sujet : peinture de la société de la Restauration à travers le parcours sentimental et social d'un jeune paysan ambitieux, qui découvre les intrigues de la bourgeoisie, de la noblesse et du clergé.

Principaux personnages : Julien Sorel ; M. de Rênal, maire de Verrières ; Mme de Rênal, maîtresse de Julien ; M. de La Mole, dont Julien devient secrétaire à Paris ; sa fille Mathilde, maîtresse de Julien dont elle attend un enfant ; Fouqué, ami d'enfance de Julien qui assiste à son exécution et à son enterrement.

EXTRAIT

CHAPITRE VI

Avec la vivacité et la grâce qui lui étaient naturelles quand elle était loin des regards des hommes, Mme de Rênal sortait par la porte-fenêtre du salon qui donnait sur le jardin, quand elle aperçut près de la porte d'entrée la figure d'un jeune paysan presque encore enfant, extrêmement pâle et qui venait de pleurer. Il était en chemise bien blanche, et avait sous le bras une veste fort propre de ratine[1] violette.

Le teint de ce petit paysan était si blanc, ses yeux si doux, que l'esprit un peu romanesque de Mme de Rênal eut d'abord l'idée que ce pouvait être une jeune fille déguisée, qui venait demander quelque grâce à M. le maire. Elle eut pitié de cette pauvre créature, arrêtée à la porte d'entrée, et qui évidemment n'osait pas lever la main jusqu'à la sonnette. Mme de Rênal s'approcha, distraite un instant de l'amer chagrin que lui donnait l'arrivée du précepteur. Julien, tourné vers la porte, ne la voyait pas s'avancer. Il tressaillit quand une voix douce lui dit tout près de l'oreille :

— Que voulez-vous ici, mon enfant ?

Julien se tourna vivement, et frappé du regard si rempli de grâce de Mme de Rênal, il oublia une partie de sa timidité. Bientôt, étonné de sa beauté, il oublia tout, même ce qu'il venait faire. Mme de Rênal avait répété sa question.

— Je viens pour être précepteur, madame, lui dit-il enfin,

1. Ratine : étoffe de laine grossière.

L'ŒUVRE LE ROUGE ET LE NOIR

tout honteux de ses larmes qu'il essuyait de son mieux. Mme de Rênal resta interdite ; ils étaient fort près l'un de l'autre à se regarder. Julien n'avait jamais vu un être aussi bien vêtu et surtout une femme avec un teint si éblouissant, lui parler d'un air doux. Mme de Rênal regardait les grosses larmes, qui s'étaient arrêtées sur les joues si pâles d'abord et maintenant si roses de ce jeune paysan. Bientôt elle se mit à rire, avec toute la gaieté folle d'une jeune fille ; elle se moquait d'elle-même et ne pouvait se figurer tout son bonheur. Quoi, c'était là ce précepteur qu'elle s'était figuré comme un prêtre sale et mal vêtu, qui viendrait gronder et fouetter ses enfants !

STENDHAL

Naissance : 23 janvier 1783, à Grenoble, ville détestée.

Nom : Stendhal (pseudonyme de Henri Beyle).

Famille : haute bourgeoisie, père avocat au parlement du Dauphiné.

Formation : après la mort prématurée de sa mère « adorée et regrettée » (Stendhal, *Notice sur M. Beyle par lui-même*, 30 avril 1837) [il a alors 7 ans], éduqué par Henri Gagnon, son grand-père « médecin, homme d'esprit ». Très jeune, ressent un « amour filial instinctif, forcené dans ces temps-là, pour la République » (Stendhal, *Vie de Henry Brulard*, 1835-1836, édition 1890). De 1803 à 1806, étudie pour « devenir un grand homme ». Participe à la campagne d'Italie avec Bonaparte et poursuit une carrière double de diplomate et d'écrivain. Passion pour l'Italie. « Original en toute chose… toujours amoureux ou croyant l'être » (Prosper Mérimée, *H.B.*, 1850).

Un écrivain méconnu : publie sans gloire *Naples, Rome et Florence* (récit de voyage, 1817), *Histoire de la peinture en Italie* (1817). Ne vend que dix-sept exemplaires de son essai *De l'amour* (1822). Premier roman *Armance* (1827), *Promenades dans Rome* (1829), *Vanina Vanini* (1829), *Le Rouge et le Noir* (1830). Dernier ouvrage publié de son vivant, *La Chartreuse de Parme* (1839, loué dans un article enthousiaste de Balzac en 1840) qui le fait connaître du grand public. Autobiographie (*Vie de Henry Brulard*) publiée en 1890.

Une gloire posthume : succès tardif qui vient confirmer son sentiment : « J'écris pour des amis inconnus, une poignée d'élus qui me ressemblent : les happy few. » Romantique et réaliste, se distingue par son écriture vive et précise (« J'abhorre le style contourné »), son goût pour le détail vrai, sa froide ironie, qui le font considérer aujourd'hui comme un écrivain majeur du XIXe siècle.

Une mort brutale : meurt le 23 mars 1842 d'une attaque d'apoplexie, à Paris.

SYNTHÈSE LE ROUGE ET LE NOIR

Le Rouge et le Noir (1830), gravure représentant Mathilde de La Mole et Julien Sorel.

Inspiré d'un fait divers tragique, *Le Rouge et le Noir* (1830) – dont le titre fait référence aux couleurs respectives de l'armée et du clergé – est à la fois une chronique sociale et un roman d'apprentissage. Dans la société sclérosée de la Restauration, le parcours chaotique de Julien Sorel fait émerger un personnage de roman d'un type nouveau, teinté de romantisme réaliste, tout en ambition et en contradictions.

UNE ESTHÉTIQUE MÊLÉE

C'est à partir d'un fait réel que Stendhal a construit son personnage et son roman. S'appuyant en effet sur l'histoire d'Antoine Berthet (séminariste destiné à la prêtrise et qui tenta de tuer sa maîtresse, mère des enfants dont il était le précepteur), Stendhal retrace l'ascension sociale d'un personnage oscillant entre la bourgeoisie de province et l'aristocratie parisienne. À Verrières, en Franche-Comté, la figure maternelle de Mme de Rênal lui fait découvrir l'amour, et, à Paris, la jeune Mathilde de La Mole, sa cruauté.

Le Rouge et le Noir (1954), film de Claude Autant-Lara. Gérard Philipe (dans le rôle de Julien Sorel) et Danielle Darrieux (dans celui de Mme de Rênal).

C'est entre ces deux figures réalistes, complémentaires et antagonistes, que se construit le personnage de Julien Sorel, emblématique de la « génération perdue » des romantiques. Mais Stendhal dépasse les stéréotypes du genre. Ainsi, le crime de Julien contribue à faire de lui, paradoxalement, un héros. Et ce, parce que son comportement ainsi que celui de ses deux maîtresses concourent à les arracher à l'ennui et au mal de vivre si caractéristiques de leur génération.

LE PERSONNAGE DE ROMAN, ESTHÉTIQUES ET VALEURS

LE PERSONNAGE MODELÉ PAR LA SOCIÉTÉ

Le parcours sinueux des amours de Julien Sorel a pour décor la société de la Restauration, comme l'indique le sous-titre initial, *Chronique de 1830*, modifié ensuite en *Chronique du XIXe siècle*. Avant la lettre, Stendhal entend peindre la société selon une esthétique réaliste. De fait, la peinture n'est guère flatteuse. L'aristocratie a peur de perdre une nouvelle fois ses valeurs, quand la bourgeoisie n'est préoccupée que par l'enrichissement. Ainsi, le résumé des motivations ayant cours à Verrières tient dans le fait de « RAPPORTER DU REVENU », ainsi que l'écrit l'auteur au tout début du roman.

Cet univers obtus modèle le personnage central du roman, Julien, en même temps qu'il traduit le point de vue du jeune homme découvrant la bourgeoisie, la noblesse et le clergé, divisés entre libéraux et ultras (pour ultraroyalistes). La structure elle-même du roman, en deux livres, marque également la scission entre deux mondes auxquels le héros tente de se conformer en s'y confrontant : la province et Paris.

Le Rouge et le Noir (1956), aquarelle de Suzanne Ballivet.

UN ROMAN D'APPRENTISSAGE

Ce parcours fait de Julien Sorel le héros d'un roman d'apprentissage. Paysan du Jura devenu chevalier de La Vernaye et lieutenant des Hussards, Julien est en quête profonde d'identité, comme son contemporain Rastignac (Balzac, *Le Père Goriot*, 1835). Le roman est donc, tout d'abord, celui d'un itinéraire social.

Mais ce parcours est également sentimental. En effet, sur le plan amoureux, les relations de Julien sont à la fois ambiguës et destinées à évoluer, comme la liaison qui le lie à Mme de Rênal, de dix-neuf ans son aînée. Et si les sentiments éprouvés pour Mathilde offrent en leurs débuts un écho de la première liaison, la seconde lui offre un aperçu désabusé de l'amour nécessairement teinté de mensonge. Ces tensions amoureuses, résolues à la fin du roman par un amour rajeuni pour Mme de Rênal, s'accompagnent enfin d'une révolution sur le plan intellectuel. Mûrie en prison et destinée à éclater lors de son procès, elle met fin à une conception subjective de ses intérêts personnels au profit d'une cause objective et générale, celle des opprimés. Un nouveau héros est né.

PARCOURS

SCIENCE ET FICTION

Histoire comique des États et Empires de la Lune (1657) de Savinien de Cyrano de Bergerac.
L'ascension vers la Lune.
Gravure datée de 1900.

Les rapports entretenus entre la science et la fiction nourrissent depuis toujours la littérature. Depuis l'Antiquité en effet, en réponse aux questions existentielles, les connaissances scientifiques défient l'imagination – et inversement. Qu'ils appartiennent à la mythologie ou à la littérature fantastique qui propose un voyage extraordinaire vers un lieu inédit, les récits combinant science et fiction s'inspirent de l'actualité scientifique tout en la dépassant et en conservant une portée universelle.

LA VIE ARTIFICIELLE

Dès l'Antiquité, science et fiction se rejoignent autour de thèmes majeurs, au premier rang desquels la vie artificielle, illustrée par les créatures mythologiques qui hantent les poèmes épiques de l'Antiquité et qui confrontent l'homme à des figures divines dotées de pouvoirs hors normes. Le panthéon gréco-latin en offre un exemple de choix, ne serait-ce qu'avec Zeus, capable de se métamorphoser à loisir et dont l'attribut, le foudre, le rend capable d'attirer ou d'arrêter le tonnerre.

Ce thème qui allie l'homme au surnaturel est repris au XIXe siècle avec la littérature fantastique : E.T.A. Hoffmann (1776-1822) imagine un automate dans *L'Homme au sable* (1817). De son côté, Auguste de Villiers de L'Isle-Adam (1838-1889) offre un exemple d'androïde dans *L'Ève future* (1886). Par la suite, la vie artificielle demeure un thème particulièrement fécond de la littérature d'inspiration scientifique (Aldous Huxley, *Le Meilleur des mondes*, 1932).

Maquette pour le film *Le Voyage dans la Lune* (1902) de Georges Méliès.

VOYAGE VERS L'INOUÏ

Cette thématique de la vie artificielle est souvent associée à celle du voyage vers l'ailleurs, qui permet la confrontation à un autre monde. On pense ainsi à *L'Odyssée*

(Homère, VIIIe s. av. J.-C.) et aux rivages insolites abordés par Ulysse, descendu par ailleurs aux Enfers, mais aussi au conte philosophique de Voltaire *Micromégas* (1752), inspiré des *Voyages de Gulliver* (1726) du Britannique Jonathan Swift.

À travers l'évasion totale que permettent des expéditions vers des mondes défiant la géographie, c'est toutefois une réflexion sur soi-même et sur l'altérité qui est proposée. Ainsi, l'*Histoire comique des États et Empires de la Lune* (1657) de Savinien de Cyrano de Bergerac, qui s'inscrit dans la lointaine lignée du Grec Lucien de Samosate (*Histoire vraie*, IIe s. apr. J.-C.), prédit certes une réalité scientifique (la première expédition sur la Lune a eu lieu en 1969), mais décentre aussi le regard du lecteur en lui proposant une vision satirique de son époque. Cette thématique du voyage vers l'ailleurs est au cœur de l'œuvre de Jules Verne (*Voyage au centre de la Terre*, 1864 ; *Vingt Mille Lieues sous les mers*, 1869-1870).

Affiche (2002) d'*E.T., l'extraterrestre* de Steven Spielberg, commémorant les vingt ans de la sortie du film.

DU MERVEILLEUX SCIENTIFIQUE AU GENRE DE LA SCIENCE-FICTION

En rupture avec les romans qui s'appuient strictement sur les connaissances scientifiques pour faire voyager héros et lecteur se développe, à l'aube de la Première Guerre mondiale, un courant qualifié de « merveilleux scientifique », dû à l'effervescence créée autour des dernières découvertes et inventions (rayons X, photographie, télécommunications). Fondé par l'écrivain Maurice Renard (1875-1939), dans la lignée de H. G. Wells (*La Machine à explorer le temps*, 1895), ce courant annonce la science-fiction moderne.

Née dans la seconde partie du XXe siècle, celle-ci actualise les grands thèmes de l'avenir de la planète et de l'humanité selon les découvertes scientifiques les plus récentes, comme la conquête spatiale, le numérique puis, tout récemment, l'intelligence artificielle. Le cinéma s'empare également du genre : ainsi, le célébrissime film de Steven Spielberg, *E.T., l'extraterrestre* (qui aurait été inspiré par le roman *L'Enfant des étoiles* d'Yvette de Fonclare, paru en 1979), sort sur les écrans en 1982 et connaît un succès mondial et durable.

L'AUTEUR

JULES VERNE

VOYAGE AU CENTRE DE LA TERRE

Genre : roman scientifique, roman d'aventures.

Principaux personnages : le professeur Otto Lidenbrock est le protagoniste du roman ; Axel, son neveu, est aussi le narrateur de l'histoire ; Hans Bjelke est le guide islandais engagé par Lidenbrock.

Sujet : en 1863, à Hambourg, le professeur Lidenbrock déchiffre dans un vieux manuscrit l'existence d'un passage menant au centre de la Terre à travers un volcan islandais éteint, le Sneffels. Lidenbrock décide de partir à l'aventure avec son neveu Axel et leur guide Hans. Ils entreprennent un long voyage jusqu'en Islande où ils s'engouffrent dans les profondeurs du volcan. Ils y découvrent un monde mystérieux et vivent d'incroyables aventures.

EXTRAIT

CHAPITRE XLIII

« Bon, fit mon oncle en observant l'heure, dans dix minutes il se remettra en route.

— Dix minutes ?

— Oui. Nous avons affaire à un volcan dont l'éruption est intermittente. Il nous laisse respirer avec lui. »

Rien n'était plus vrai. À la minute assignée, nous fûmes lancés de nouveau avec une extrême rapidité. Il fallait se cramponner aux poutres pour ne pas être rejeté hors du radeau. Puis la poussée s'arrêta.

Depuis, j'ai réfléchi à ce singulier phénomène sans en trouver une explication satisfaisante. Toutefois il me paraît évident que nous n'occupions pas la cheminée principale du volcan, mais bien un conduit accessoire, où se faisait sentir un effet de contre-coup.

Combien de fois se reproduisit cette manœuvre, je ne saurais le dire. Tout ce que je puis affirmer, c'est qu'à chaque reprise du mouvement, nous étions lancés avec une force croissante et comme emportés par un véritable projectile. Pendant les instants de halte, on étouffait ; pendant les moments de projection, l'air brûlant me coupait la respiration. Je pensai un instant à cette volupté de me retrouver subitement dans les régions hyperboréennes par un froid de trente degrés au-dessous de zéro. Mon imagination surexcitée se promenait sur les plaines de neige des contrées arctiques, et j'aspirais au moment où je me roulerais sur les tapis glacés du pôle ! Peu à peu, d'ailleurs, ma tête, brisée par ces secousses réitérées, se perdit. Sans les bras de Hans, plus d'une fois je me serais brisé le crâne contre la paroi de granit.

Je n'ai donc conservé aucun souvenir précis de ce qui se passa pendant les heures suivantes. J'ai le sentiment confus de détonations continues, de l'agitation du massif, d'un mouvement giratoire dont fut pris le radeau. Il ondula sur des flots de laves, au milieu d'une pluie de cendres. Les flammes ronflantes l'enveloppèrent. Un ouragan qu'on eût dit chassé d'un ventilateur immense activait les feux souterrains. Une dernière fois, la figure de Hans m'apparut dans un reflet d'incendie, et je n'eus plus d'autre sentiment que cette épouvante sinistre des condamnés attachés à la bouche d'un canon, au moment où le coup part et disperse leurs membres dans les airs.

JULES VERNE

Nom : Verne, Jules Gabriel.

Naissance : 8 février 1828 à Nantes.

Famille : fils de Pierre Verne, issu d'une grande famille de juristes, et de Sophie Allotte de la Fuÿe, issue d'une lignée d'aristocrates écossais établis en France comme armateurs.

Formation : Jules Verne va en pension au collège Saint-Stanislas, puis au petit séminaire de Saint-Donatien, jusqu'en classe de troisième. Il passe son bac au lycée Royal puis entame des études de droit en 1847 à Nantes, qu'il poursuit à Paris, où il finit par s'installer.

Début de la carrière : Jules Verne s'intéresse très tôt à la littérature. Arrivé à Paris, il se passionne pour le théâtre et rencontre Alexandre Dumas fils. Grâce à lui, en 1850, il fait jouer sa première comédie, *Les Pailles rompues*. C'est le début de sa carrière de dramaturge. Il publie ensuite plusieurs nouvelles, comme *Un drame au Mexique* (1851) ou *Un voyage en ballon* (id.), ainsi que de nombreux opéras comiques, comme *Le Colin-Maillard* (1853), mais aussi des chansons.

Premiers succès : en 1863, il publie son premier roman, *Cinq Semaines en ballon*, qui connaît un succès immédiat. Il signe alors un contrat avec son éditeur qui l'engage à écrire pendant vingt ans des romans pour la jeunesse. C'est le début des *Voyages extraordinaires*, cycle qui comptera 62 romans et 18 nouvelles. Parmi les ouvrages les plus connus, on trouve *Voyage au centre de la Terre* (1864), *Vingt Mille Lieues sous les mers* (1870), *Le Tour du monde en quatre-vingts jours* (1873) ou encore *Michel Strogoff* (1876).

Fin de la carrière : il écrit des nouvelles et des romans jusqu'à la fin de sa vie. En 1905, *L'Invasion de la mer* est le dernier roman publié de son vivant. D'autres œuvres paraîtront après sa mort grâce à son fils Michel.

Mort : 24 mars 1905 à Amiens, à l'âge de 77 ans.

SYNTHÈSE

VOYAGE AU CENTRE DE LA TERRE

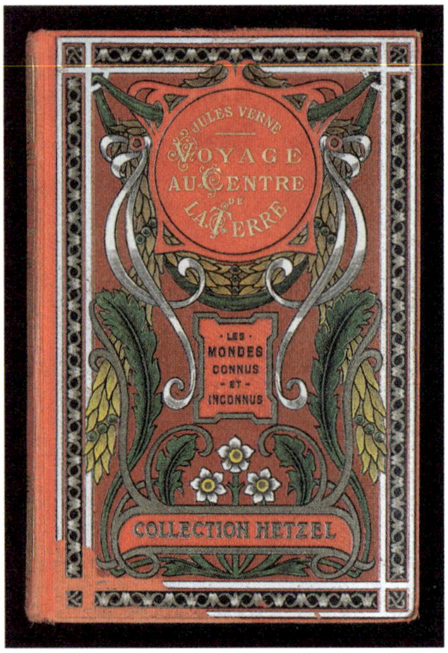

Voyage au centre de la Terre de Jules Verne, couverture de la collection Hetzel (1905).

Paru en 1864, *Voyage au centre de la Terre* est le troisième roman d'aventures de Jules Verne. Cet ouvrage, qui retrace une expédition vers le noyau terrestre à partir d'un volcan situé en Islande, trouve son originalité dans la diversité des genres qu'il offre au lecteur : ouvrage scientifique, il relate aussi les multiples aventures constituant l'épopée initiatique de son jeune héros, Axel.

UNE DOCUMENTATION RIGOUREUSE

Le premier voyage que propose le roman est celui d'une immersion dans l'univers scientifique. Jules Verne, qui a collaboré à la revue dirigée par son éditeur, Jules Hetzel, le *Magasin d'éducation et de récréation*, possède une fibre pédagogique dont il entend faire profiter le lecteur. De nombreux domaines sont en effet rigoureusement explorés par l'auteur, qui s'est documenté dans des ouvrages spécialisés.

Le lexique fait l'objet d'un travail particulièrement approfondi pour aborder des disciplines en plein essor à la fin du XIXe siècle. Ainsi, la cryptologie, la paléontologie et la géologie sont rendues, d'une part, accessibles par les dialogues dont elles font l'objet entre le professeur Lidenbrock et Axel, et, d'autre part, attractives par les rebondissements propres au roman d'aventures, qui captivent et font voyager le lecteur en terre inconnue.

Voyage au centre de la Terre (1864), gravure d'Édouard Riou (1833-1900).

ROMAN D'AVENTURES ET VOYAGE INITIATIQUE

Par son titre, *Voyage au centre de la Terre* fait référence à l'un des thèmes les plus anciens de la littérature : celui de la descente aux Enfers (ou catabase), que l'on retrouve notamment dans *L'Odyssée* (Homère, VIIIe s. av. J.-C.) et *L'Énéide* (Virgile, Ier s. av. J.-C.). Le voyage souterrain en direction du centre de la Terre reprend ainsi les notions de quête et de conquête, qui métamorphosent le personnage en héros. À l'issue de cette odyssée, en effet, le jeune Axel est devenu un homme. Les diverses créatures, aussi dangereuses que monstrueuses, que rencontrent les protagonistes (Hans, Axel et le professeur Lidenbrock), la traversée de la mer dans les profondeurs abyssales (qui évoque celle du Styx par Charon), ou encore la rencontre avec un mastodonte géant (rappelant le cyclope Polyphème), sont autant d'obstacles propres à forger le caractère du héros tout en défiant et en contredisant parfois les lois de la science.

Cette descente dans les profondeurs est aussi initiatique qu'intérieure : la mise à l'épreuve, créée par les péripéties successives, de même que les épisodes d'hallucinations constituent des faits d'armes qui renforcent l'étoffe du héros.

Voyage au centre de la Terre (1864), estampe d'Édouard Riou.

SCIENCE-FICTION OU MERVEILLEUX SCIENTIFIQUE ?

Il est délicat de rattacher *Voyage au centre de la Terre* à un genre précis. On dit souvent, trop rapidement, qu'il s'agit d'un roman de science-fiction. Or il n'est pas question de la notion d'anticipation caractéristique du genre. Par ailleurs, les moyens techniques et technologiques employés pour l'expédition, comme l'électricité, sont ceux de l'époque.

En revanche, le roman peut être qualifié de scientifique par l'étendue des connaissances qu'il présente, mais aussi par le respect inhérent à toute démarche scientifique, qui consiste à émettre puis vérifier des hypothèses, en fonction des connaissances de l'époque. En parallèle de cette démarche, certaines thèses se trouvent contredites. Ainsi, l'intrigue du roman, établie sur la possibilité d'accéder au centre de la planète, bat en brèche la thèse prouvée de l'élévation de la température et de la pression à mesure de l'approche du noyau terrestre. Cela contribue à faire de *Voyage au centre de la Terre*, par certains aspects, un roman du « merveilleux scientifique ».

OBJET D'ÉTUDE

LE THÉÂTRE

Un chorège assiste aux préparatifs d'un drame satyrique, mosaïque de Pompéi (62-79 apr. J.-C.)

Le mot « théâtre » vient du grec *theatron*, désignant le lieu d'où l'on voit. Le même terme désigne à la fois l'édifice et l'art qu'on y pratique. Dès l'Antiquité, un véritable lien s'établit en effet entre l'architecture du théâtre et la dramaturgie de l'époque, mais le théâtre reste avant tout l'espace où se joue le spectacle.

HISTOIRE D'UN GENRE

Les premières pièces de théâtre voient le jour en Grèce, aux VIe et Ve siècles avant J.-C., et célèbrent le culte de Dionysos. Le théâtre apparaît d'abord comme une célébration civique et sacrée, qui réunit les citoyens deux fois par an. Les pièces se composent de parties chantées par le chœur et de dialogues qui finissent par l'emporter. Tous les rôles sont tenus par des hommes dont le visage est couvert par un masque.

Le théâtre continue à être joué à l'extérieur, sur les places publiques au Moyen Âge, avec peu de décors et plutôt devant des bourgeois : les mystères, qui représentent la vie des saints, puis les farces sont les principales pièces représentées. Condamné à la Renaissance par l'Église, le théâtre décline jusqu'au XVIIe siècle, où il sera reconnu comme un art officiel par Richelieu. Le Roi-Soleil l'affectionne ; joué dans des salles prestigieuses sous l'ère classique, il triomphe alors particulièrement. Il continue dans les siècles suivants à être représenté, à l'intérieur ou à ciel ouvert. Au XIXe siècle, le décor prend une importance capitale avec le drame romantique ; depuis le XXe siècle, les effets spéciaux, sons, lumières, machineries complexes (qui commençaient déjà à voir le jour au XVIIe s.) font du théâtre un spectacle sophistiqué, qui saisit le public par d'autres moyens.

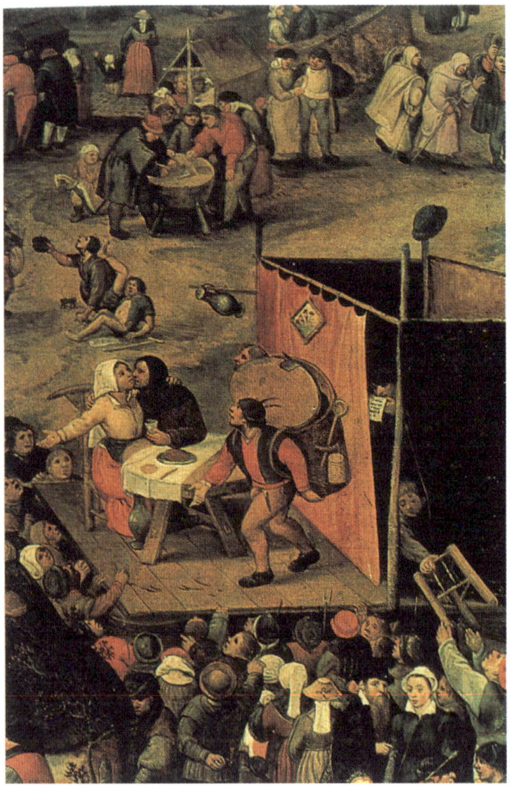

La Foire paysanne, tableau de Pieter Balten (1525?-1598?).

UN ART TOTAL

Le théâtre est l'art de la présence réelle : d'abord celle de l'acteur par qui le personnage s'incarne, puis celle des spectateurs qui se rassemblent pour assister à la représentation. Tout se joue directement et immédiatement ; la puissance et l'émotion théâtrales viennent de cette instantanéité magique. Une pièce n'est jamais tout à fait la même en fonction du public qui la reçoit. Par ailleurs, entre le monde de la scène et celui de la salle, un véritable échange a lieu ; une réciprocité, une complicité de sentiments, parfois une communion se créent entre ces deux univers ; la voix, les intonations, les gestes de l'acteur, ses déplacements suscitent de multiples impressions sur les spectateurs.

Le théâtre est ainsi un art de la communication et de la participation, qui s'effectue dans des circonstances particulières.

L'un de ses paradoxes les plus saisissants est d'accéder à la vérité du cœur humain par le jeu et l'artifice. Les personnages représentés sur scène ont beau être inventés, ils suscitent des émotions vraies auprès du spectateur. Ils mettent à nu l'intériorité. Cela n'est possible que parce que l'acteur interprète les multiples variations de la vie et donne l'illusion qu'elle se déroule ici et maintenant, sur scène. Le théâtre exprime le monde et l'homme, le réel et l'imaginaire ; il est un art complet, une synthèse de l'univers, indépendamment de son évolution historique et des différents genres qui le composent.

Décor de Georges Wakhévitch pour *Le Cid* de Corneille (1955).

LE THÉÂTRE, INSTRUMENT SOCIAL ?

Depuis ses origines, le théâtre tend à être un instrument pour former le citoyen ; d'abord chargé de véhiculer les valeurs de la démocratie athénienne et d'inspirer la crainte et le respect des dieux, il continue tout au long de son histoire à former l'espace d'une réflexion sociale, ayant une valeur didactique, parfois polémique. Il porte même à certaines époques les germes d'un monde nouveau.

Pourtant, il semble réducteur de ne le considérer que dans ses visées idéologiques. Il reste avant tout un art du spectacle qui cherche dans son essence même à toucher l'homme, à le purger de ses émotions et à le faire accéder à lui-même. Le théâtre est un chemin singulier qui conduit à explorer poétiquement les mystères de l'individu. Il ne forme pas une simple copie de la vie ; il en est l'amplificateur et le révélateur.

PARCOURS COMÉDIE ET SATIRE

Franca Trippa et Fritellino,
scène de la commedia dell'arte,
tableau anonyme (entre 1550 et 1650).

Comme la tragédie, la comédie trouve son origine dans le théâtre antique. L'auteur grec Aristophane (v. 445-v. 386 av. J.-C.) puis les Latins Plaute (254-184 av. J.-C.) et Térence (v. 185-159 av. J.-C.) sont les premiers représentants d'un genre qui a, dans son essence, partie liée avec la satire, c'est-à-dire la critique par le rire. C'est en renouant avec cette visée que les dramaturges français, à partir du XVIIe siècle, donnent à la comédie ses lettres de noblesse.

UNE VOCATION SATIRIQUE

Élément structurant du genre comique depuis l'origine, le rire remplit, dès lors qu'il instruit et dénonce, une fonction satirique. C'est ainsi que Plaute et Térence, qui condamnent les travers humains dans le sillage de leurs prédécesseurs grecs, inspirent à leur tour de nombreuses comédies au XVIIe siècle, époque à laquelle se structure le genre. Par ailleurs, l'héritage de la commedia dell'arte, née en Italie au milieu du XVIe siècle, fournit l'esquisse de personnages types dont les traits forcés prêtent à la réflexion et à la critique. Ces deux influences, mêlées aux exigences classiques (plaire et instruire), permettent à la comédie de se codifier et de connaître son apogée avec Molière.

Sous Louis XIV, dans les jardins du château de Versailles, représentation du *Malade imaginaire* de Molière. Gravure de Jean Lepautre (1618-1682).

La vocation satirique du genre se perpétue jusqu'à aujourd'hui. Marivaux, Lesage et Beaumarchais au XVIIIe siècle ont ainsi privilégié la satire sociale et morale. Le vaudeville, qui fait la satire des mœurs à la fin du XIXe, connaît à l'époque un franc succès. Ce type de comédie est également remis au goût du jour au début du XXIe siècle, dans des pièces à la fois légères et grinçantes (Yasmina Reza, *Art*, 1994).

LES RESSORTS DE LA SATIRE

Comment la comédie permet-elle de rire de nos travers ? Comment donne-t-elle au comique une vocation morale ? Elle use tout d'abord du jeu des acteurs qui, sur scène, donnent à voir des personnages caricaturés. Mimiques, gestes, intonations, quiproquos ou costumes se mettent au service du ridicule et de la dénonciation par le rire : ainsi, qu'il s'agisse d'Harpagon, dans *L'Avare* (1668), ou de Sganarelle, dans *L'École des maris* (1661), la force de la caricature fait qu'ils incarnent à eux seuls l'avarice et l'étroitesse d'esprit.

De la même manière, les différents personnages des *Plaideurs* (1668) chez Racine, par la mise en scène farcesque et outrée de leurs défauts, contribuent tous à la visée satirique de la pièce. Des siècles plus tard, la pièce d'Alfred Jarry *Ubu roi* (1896) donne lieu à des représentations qui tirent parti du caractère loufoque du personnage principal, Ubu, et des marionnettes imaginées par l'auteur, pour brosser la satire d'un dictateur.

Le Tombeau de maître André (1716-1717), tableau de Claude Gillot.

LES CIBLES DE LA SATIRE

S'attaquant avant tout aux défauts des hommes, la satire dans la comédie a une portée universelle. Ainsi, la satire de caractères reste toujours d'actualité. C'est celle que privilégie Molière, dont le répertoire est un véritable inventaire des défauts contraires à l'idéal de l'honnête homme du XVIIe siècle. Ayant un but moral, la satire incite le spectateur à condamner les travers exposés sur scène et à corriger ses propres défauts.

Cependant, lorsque la critique ne vise plus seulement un type mais condamne aussi les défauts d'une époque ou d'une génération entière, elle devient sociale. Ainsi, avec *L'Île des esclaves* (1725), Marivaux exerce sa verve en faisant la critique des maîtres (auxquels il prête les défauts) par les valets. Beaumarchais, avec *Le Mariage de Figaro* (1784), reprend ce principe en le dépassant, faisant du valet de comédie qu'est Figaro l'adversaire de la noblesse et de ses privilèges.

L'ÉCOLE DES FEMMES

Genre : « grande comédie ».

Forme : dialogue versifié.

Structure : pièce en cinq actes, construite selon les règles de la dramaturgie classique. Alliance de la farce, de la comédie d'intrigue et de la comédie de caractères.

Personnages : trois personnages principaux (formant un triangle amoureux), six personnages secondaires.

Arnolphe, tuteur d'Agnès, riche bourgeois tyrannique de quarante-deux ans ; Agnès, jeune orpheline de dix-sept ans, innocente et soumise ; Horace, séduisant jeune homme, type du jeune premier de la commedia dell'arte ; les paysans et servants Georgette et Alain ; Chrysalde, ami d'Arnolphe, plein de bon sens ; Enrique, beau-frère de Chrysalde ; Oronte, père d'Horace et ami d'Arnolphe ; un notaire.

Sujet : Arnolphe a confié sa pupille Agnès à un couvent et l'a fait élever dans la plus grande ignorance, afin d'en faire sa femme et de se préserver du cocuage.

Le jeune et séduisant Horace rencontre cependant Agnès à son insu et en tombe immédiatement amoureux ; il entreprend de la courtiser, non sans confier naïvement ses projets à Monsieur de la Souche, qui n'est autre qu'Arnolphe.

Celui-ci tente d'empêcher les deux jeunes gens d'entrer en relation, et d'accélérer son propre mariage avec Agnès...

EXTRAIT

ACTE 1, SCÈNE 1

ARNOLPHE

Chacun a sa méthode,
En femme, comme en tout, je veux suivre ma mode :
Je me vois riche assez pour pouvoir, que je croi,
Choisir une moitié qui tienne tout de moi,
Et de qui la soumise et pleine dépendance
N'ait à me reprocher aucun bien ni naissance[1].
Un air doux et posé, parmi d'autres enfants,
M'inspira de l'amour pour elle dès quatre ans.
Sa mère se trouvant de pauvreté pressée,
De la lui demander il me vint en pensée ;
Et la bonne paysanne, apprenant mon désir,
À s'ôter cette charge eut beaucoup de plaisir.
Dans un petit couvent, loin de toute pratique[2],
Je la fis élever selon ma politique ;
C'est-à-dire, ordonnant quels soins on emploierait
Pour la rendre idiote[3] autant qu'il se pourrait.
Dieu merci, le succès a suivi mon attente ;
Et, grande, je l'ai vue à tel point innocente,
Que j'ai béni le ciel d'avoir trouvé mon fait[4],

1. N'ait à me reprocher aucun bien ni naissance : n'ait à me reprocher ni sa dot ni sa naissance noble.

2. Pratique : fréquentation

3. Idiote : ignorante.

4. Mon fait : mon affaire.

Pour me faire une femme au gré de mon souhait.
Je l'ai donc retirée, et comme ma demeure
À cent sortes de gens est ouverte à toute heure
Je l'ai mise à l'écart, comme il faut tout prévoir,
Dans cette autre maison où nul ne me vient voir ;
Et, pour ne point gâter sa bonté naturelle,
Je n'y tiens[5] que des gens tout aussi simples qu'elle.
Vous me direz : « Pourquoi cette narration ? »
C'est pour vous rendre instruit de ma précaution.
Le résultat de tout est qu'en ami fidèle
Ce soir je vous invite à souper avec elle ;
Je veux que vous puissiez un peu l'examiner,
Et voir si de mon choix on me doit condamner.

5. Tiens : entretiens.

MOLIÈRE

Nom : Jean-Baptiste Poquelin, dit Molière.

Naissance : janvier 1622, rue Saint-Honoré à Paris.

Famille : bourgeoisie marchande. Ses père et grand-père sont maîtres tapissiers du roi. Sa mère, Marie Cressé, meurt en 1632. Sa belle-mère (1633), Catherine Fleurette, est la fille d'un maître sellier.

Études : de 1635 à 1639 environ, études chez les jésuites du collège de Clermont (actuel lycée Louis-le-Grand à Paris) ; à partir de 1640, études de droit à Orléans, qu'il interrompt pour se consacrer à la comédie.

Début de carrière : se lie en 1643 à la comédienne Madeleine Béjart et fonde avec la famille Béjart la troupe de l'Illustre-Théâtre. En 1645, faillite de l'Illustre-Théâtre : Molière se joint à une troupe itinérante.

Premiers succès : en 1653, il devient directeur de cette troupe, qui obtient l'appui du prince de Conti, puis du frère du roi. En 1658, la troupe s'installe à Paris et, l'année suivante, le triomphe des *Précieuses ridicules* consacre le génie de Molière, non seulement comme acteur et comme metteur en scène, mais comme auteur. En 1661, la troupe de Molière s'installe définitivement au Palais-Royal.

Les querelles : en 1662, année où il épouse Armande Béjart (fille ou sœur de Madeleine ?), Molière écrit *L'École des femmes*, première comédie en cinq actes et en vers, qui déclenche une importante querelle. En 1665, violents débats autour de *Dom Juan*. En 1666, accueil mitigé du *Misanthrope*. En 1669 et 1670, immense succès de *Tartuffe*, puis du *Bourgeois gentilhomme*.

Le dernier acte : mort de Madeleine Béjart en 1672. En 1673, Molière est pris de malaise pendant la représentation du *Malade imaginaire* et meurt à son domicile, rue Richelieu.

L'ÉCOLE DES FEMMES

L'École des femmes,
Arnolphe grondant Agnès.
Gravure de Roger d'après un dessin de Jean-Michel Moreau (1741-1814).

Jouée en 1662, *L'École des femmes*, qui fit scandale pour amoralité, est une pièce charnière dans l'œuvre de Molière. Le dramaturge passe en effet, avec cette pièce à portée satirique, de la farce à la « grande comédie ». Celui qui entend « châtier les mœurs par le rire » devient ainsi un auteur majeur du Grand Siècle. En s'en prenant à l'ordre bourgeois et à l'hypocrisie religieuse, il interroge l'un de ses thèmes de prédilection, celui du statut de la femme à travers la question du mariage.

DE LA FARCE À LA SATIRE

Bien que novatrice dans le théâtre de Molière, *L'École des femmes* ne se départ pas des traditionnels leviers de la farce : le thème central du mari cocu, les jeux de mots grivois ou le comique de répétition sont autant de ressorts connus qui créent un comique facile. S'ajoute à ce paysage familier la mise en scène de types de la commedia dell'arte, avec Alain, le valet fruste, et Georgette, son double féminin.

L'ensemble de ces procédés sert ainsi la trame comique tout en faisant ressortir les personnages centraux que sont Arnolphe et Agnès. Le premier en effet ne se réduit pas au seul type du barbon, mais permet aussi la critique de la misogynie, l'un des buts de Molière dans la pièce. De même, la naïveté d'Agnès n'est pas une fin en soi : elle vise à dénoncer l'état d'ignorance dans lequel sont maintenues les jeunes filles par la bourgeoisie à l'époque de Molière.

Louis XIV et Molière déjeunant à Versailles, tableau de Jean-Auguste-Dominique Ingres (1780-1867).

LA SATIRE SOCIALE ET RELIGIEUSE

C'est donc aux valeurs de la bourgeoisie que s'en prend l'auteur, bien plus qu'à l'écart d'âge entre Agnès et Arnolphe. En effet, ce dernier entend façonner la jeune fille « comme un morceau de cire » (v. 810) à une époque où, au contraire, l'aristocratie et la vie intellectuelle liée à cette sphère promeuvent la femme. Mais, selon la conception bourgeoise, la femme, destinée à demeurer « sotte », n'est qu'un objet de possession. En outre, en l'absence de sentiments réels, l'amour ne peut s'envisager que dans son acception physique.

La religion catholique est également dans le viseur du dramaturge qui dénonce l'hypocrisie de la morale asservissant la femme à l'homme. La scène 2 de l'acte III, consacrée à la lecture des *Maximes du mariage ou Devoirs de la femme mariée*, est en ce sens édifiante. Ainsi, Molière, qui peint les caractères « d'après nature » (*La Critique de l'École des femmes*, 1663), est bien loin, avec cette tribune d'expression directe, de la caricature farcesque.

L'École des femmes, Molière dans le rôle d'Arnolphe. Lithographie de François-Séraphin Delpech (1778-1825).

LA QUESTION DE LA FEMME

La question de la condition de la femme et de son éducation occupe une place de choix chez Molière, qui lui consacre plusieurs comédies. *Les Précieuses ridicules* (1659), *L'École des maris* (1661), jouée un an avant *L'École des femmes* et dans laquelle se dessine le personnage d'Arnolphe, puis, dix ans plus tard, *Les Femmes savantes* (1672), dénoncent les dérives dont la femme est victime.

Cependant, le caractère progressiste de *L'École des femmes* tient surtout à la condamnation de l'inégalité entre hommes et femmes, dont l'exemple le plus flagrant est celui du mariage arrangé selon les intérêts des deux familles. Cette question cruciale trouve son corollaire dans la dénonciation de l'instruction des femmes. L'« éducation » reçue par Agnès vise en effet « à la rendre idiote autant qu'il se pourrait » (v. 138). Dépassant la simple satire et proposant une issue à l'archaïsme pervers dans lequel est maintenue la femme, Molière voit dans le personnage d'Horace, qui éveille avec succès Agnès à la vie, le véritable précepteur de l'école des femmes, qui serait celle de l'amour, libre et consenti.

Détail de la copie de la mosaïque hellénistique de Sosos, représentant des masques tragiques (VIe-Ve s. av. J.-C.).

Née en Grèce aux VIe et Ve siècles avant J.-C. puis théorisée par Aristote dans sa *Poétique* (IVe s. av. J.-C.), la tragédie, qui met en scène le destin des hommes soumis à l'influence des dieux, doit susciter chez le spectateur terreur et pitié en même temps qu'elle doit les en délivrer. Elle trouve ainsi naturellement dans la passion un terrain de prédilection. Au XVIIe siècle, la dramaturgie renoue avec ce genre noble, qui se codifie selon les exigences de l'esthétique classique tout en restant fidèle aux préceptes aristotéliciens.

Racine tenant sa tragédie d'*Iphigénie* et s'appuyant sur la statue d'Euripide, ronde-bosse de Jean-Joseph Espercieux (1757-1840).

PASSION ET CATHARSIS

Le mot « passion », étymologiquement, désigne ce que l'on subit, notamment dans le domaine des émotions et des sentiments. La tragédie, en mettant en scène des souffrances démesurées imposées par les dieux, est donc étroitement liée à la passion. Expression de la fatalité divine (*fatum*, en latin), elle représente l'éventail des affects qui régissent l'âme humaine : ainsi, le ressort tragique d'*Ajax* de Sophocle (v. 495-406 av. J.-C.) est le sentiment passionnel de déshonneur éprouvé par le héros éponyme. Dans l'*Oreste* d'Eschyle (v. 525-456 av. J.-C.), c'est celui de la vengeance d'un père, trahi par sa propre femme, qui conduit l'action.

Aussi la passion donne-t-elle lieu à des actes aux conséquences les plus excessives : suicides, meurtres, infanticides ou parricides sont autant de signatures du destin contre lequel l'homme, à la fois victime et coupable, ne peut lutter. Le spectacle de cette impuissance a un but : purger le spectateur des passions dont il est aussi la proie. Cette fonction fondamentale de libération a été nommée catharsis (« purification », en grec) par Aristote.

L'IDÉAL CLASSIQUE

C'est au XVIIe siècle que la tragédie, inspirée des mythes et de l'histoire antique, connaît son apogée en France. L'esthétique classique, établie sur la raison et la morale, défie donc l'essence de la tragédie, qui conjugue folie et démesure (*hybris*, en grec) en l'adaptant à ses canons. L'expression des passions est ainsi soumise aux exigences des différentes règles de vraisemblance, de bienséance et d'unités. La langue, au sein de l'alexandrin, contribue au tragique par son niveau soutenu. Par ailleurs, l'expression de la démesure et de la terreur privilégie les figures de style de l'exagération et de l'analogie : la force des images supplée ainsi à ce qui ne peut être représenté sur scène.

Les deux grands auteurs français de la tragédie classique sont Corneille et Racine. Pour ce dernier, qui veut « plaire et toucher » (préface de *Bérénice*, 1670), le respect des règles est aussi implacable que la passion qui s'empare des personnages. De son côté, Corneille prend des libertés : ainsi, *Le Cid* (1637) ne respecte ni l'unité de lieu ni l'unité de temps et remet en cause le caractère absolu de la passion, qui s'incline devant l'honneur et la raison. Le héros n'est plus apte à susciter la pitié : il provoque l'admiration.

Irène Papas dans le rôle d'Électre dans le film *Ilektra* (1962) de Michael Cacoyannis.

LES RÉÉCRITURES MODERNES

Parce qu'ils disent à la fois l'homme dans sa fragilité et dans sa grandeur, les mythes de l'Antiquité, qui ont fourni la trame des premières tragédies, n'inspirent pas seulement les auteurs classiques. Des réécritures modernes les réactivent et donnent aux mobiles de la passion une cohérence avec l'actualité, tout en respectant leur portée universelle.

C'est le cas du théâtre de Jean Giraudoux, dont l'*Électre* (1937), tout en rappelant les tragédies de Sophocle et d'Euripide (480-406 av. J.-C.), fait de la vengeance, en cette période de l'entre-deux-guerres, le point de départ d'une réflexion sur le lien établi entre justice et violence. Certaines pièces de Jean Anouilh s'inscrivent également dans cette veine (*Antigone*, 1944).

L'AUTEUR

JEAN RACINE

PHÈDRE

Genre : tragédie en cinq actes (dialogue en alexandrins).

Principaux personnages : Phèdre, Thésée, Hippolyte, Aricie, Œnone.

Sujet : Phèdre, épouse de Thésée, est amoureuse d'Hippolyte, son beau-fils. À l'annonce de la mort de Thésée, Phèdre avoue sa passion à Hippolyte, qui la repousse avec horreur. Ce dernier est lui-même épris d'Aricie, captive et ennemie de Thésée. Lorsque Thésée revient soudain parmi les siens, tous lui semblent coupables. Œnone, nourrice de Phèdre, accuse alors Hippolyte d'avoir eu l'intention de violer la reine, afin de sauver l'honneur de sa maîtresse. Relayée par une Phèdre ivre de jalousie, sa calomnie porte aussitôt ses fruits. Hippolyte est chassé de la ville par son père qui le voue à la colère des dieux. Le jeune homme meurt déchiqueté sur des rochers, à la suite de l'intervention d'un monstre envoyé par Neptune. Phèdre, désespérée, se suicide alors sur scène en avouant sa faute à son époux.

EXTRAIT

ACTE I, SCÈNE 3

PHÈDRE

Mon mal vient de plus loin. À peine au fils d'Égée[1]
Sous les lois de l'hymen[2] je m'étais engagée,
Mon repos, mon bonheur semblait s'être affermi,
Athènes me montra mon superbe[3] ennemi :
Je le vis, je rougis, je pâlis à sa vue ;
Un trouble s'éleva dans mon âme éperdue ;
Mes yeux ne voyaient plus, je ne pouvais parler ;
Je sentis tout mon corps et transir[4] et brûler ;
Je reconnus Vénus et ses feux redoutables,
D'un sang qu'elle poursuit[5] tourments inévitables.
Par des vœux[6] assidus je crus les détourner :
Je lui bâtis un temple, et pris soin de l'orner ;
De victimes moi-même à toute heure entourée,
Je cherchais dans leurs flancs[7] ma raison égarée :
D'un incurable amour remèdes impuissants !
En vain sur les autels ma main brûlait l'encens :
Quand ma bouche implorait le nom de la déesse,
J'adorais Hippolyte ; et, le voyant sans cesse,
Même au pied des autels que je faisais fumer,
J'offrais tout à ce dieu que je n'osais nommer.
Je l'évitais partout. Ô comble de misère !
Mes yeux le retrouvaient dans les traits de son père.
Contre moi-même enfin j'osai me révolter :
J'excitai mon courage[8] à le persécuter.
Pour bannir l'ennemi dont j'étais idolâtre,

1. Au fils d'Égée : à Thésée.
2. L'hymen : le mariage.
3. Superbe : farouche.
4. Transir : se glacer.
5. D'un sang qu'elle poursuit : d'une famille qu'elle persécute.
6. Vœux : prières.
7. Dans leurs flancs : les Grecs lisaient l'avenir dans les entrailles des animaux.
8. Mon courage : mon cœur.

J'affectai[9] les chagrins[10] d'une injuste marâtre[11] ;
Je pressai son exil[12] ; et mes cris éternels
L'arrachèrent du sein et des bras paternels.
Je respirais, Œnone ; et, depuis son absence,
Mes jours moins agités coulaient dans l'innocence ;
Soumise à mon époux, et cachant mes ennuis[13],
De son fatal hymen je cultivais les fruits[14].
Vaines précautions ! Cruelle destinée !
Par mon époux lui-même à Trézène amenée,
J'ai revu l'ennemi que j'avais éloigné :
Ma blessure trop vive aussitôt a saigné.
Ce n'est plus une ardeur dans mes veines cachée :
C'est Vénus tout entière à sa proie attachée.
J'ai conçu pour mon crime une juste terreur :
J'ai pris la vie en haine et ma flamme[15] en horreur ;
Je voulais en mourant prendre soin de ma gloire[16],
Et dérober au jour une flamme si noire :
Je n'ai pu soutenir tes larmes, tes combats ;
Je t'ai tout avoué ; je ne m'en repens pas,
Pourvu que, de ma mort respectant les approches,
Tu ne m'affliges plus[17] par d'injustes reproches,
Et que tes vains secours cessent de rappeler[18]
Un reste de chaleur tout prêt à[19] s'exhaler.

9. J'affectai : je simulai.

10. Les chagrins : l'aigreur, l'irritation.

11. Marâtre : belle-mère.

12. Je pressai son exil : je fis en sorte d'obtenir au plus tôt son exil.

13. Mes ennuis : mes tourments.

14. De son fatal hymen je cultivais les fruits : j'élevais les enfants de notre funeste mariage.

15. Ma flamme : mon amour.

16. Gloire : honneur, réputation.

17. Tu ne m'affliges plus : tu ne me fasses plus souffrir.

18. Rappeler : ranimer.

19. Prêt à : sur le point de.

JEAN RACINE

Nom : Jean Racine.

Naissance : le 21 décembre 1639, à la Ferté-Milon (Picardie).

Début de la carrière : création de *La Thébaïde* (1664) par la troupe de Molière.

Premier succès : *Andromaque* (1667), un triomphe qui impose désormais Racine comme l'égal de Corneille.

Évolution de la carrière : perfectionnement du dispositif tragique jusqu'à l'apothéose de *Phèdre* (1677) puis long silence du dramaturge, promu la même année historiographe du roi ; adieu définitif au théâtre après les créations d'*Esther* (1689) et d'*Athalie* (1691), deux tragédies bibliques commandées par Mme de Maintenon, épouse du roi, pour les jeunes filles pensionnaires de la maison de Saint-Cyr. À la suite de quoi, composition de cantiques liturgiques (1695), rédaction de *L'Abrégé de l'histoire de Port-Royal* (1696) et attention toute particulière de Racine à la nouvelle édition de ses œuvres dramaturgiques (1697).

Mort : le 21 avril 1699. Inhumation à Port-Royal-des-Champs.

PHÈDRE

Phèdre et Œnone (*Phèdre*, acte I, scène 3), gravure de Massard d'après Girodet-Trioson (1767-1824).

Dernière grande tragédie de Racine, *Phèdre* (1677), dont le titre reprend le nom d'une héroïne issue d'une famille maudite par les dieux, relève le défi de dire les ravages de la passion tout en respectant les règles immuables de l'esthétique classique. Sous la plume de Racine, le mythe de Phèdre, tout en mesure, justesse et équilibre, offre de l'écriture de la passion tragique le plus bel exemple qui soit.

GENÈSE D'UNE TRAGÉDIE

Le personnage de Phèdre ne saurait se résumer à sa passion nourrie et nécessairement contrariée pour Hippolyte, le fils de Thésée, son époux. Issue d'une lignée honnie par Vénus, dont son aïeul le Soleil a surpris et dénoncé les amours coupables, Phèdre, qui signifie « brillante », porte en son sang le poids de la fatalité. Sa mère, Pasiphaé, dénaturée après s'être unie à un taureau, a donné naissance à la créature hybride du Minotaure ; Ariane, sa sœur, s'est vue abandonnée par son amant Thésée.

Minotaure et Thésée le combattant, dessin anonyme.

Le personnage mythique de Phèdre, « fille de Minos et de Pasiphaé » (I, 1), haïe de fait par la déesse de l'Amour et soumise à la démesure de la passion, inspire les auteurs tragiques de l'Antiquité. Euripide, avec *Hippolyte* (ve s. av. J.-C.), et Sénèque, avec *Phèdre* (Ier s. apr. J.-C.), constituent ainsi les sources principales de Racine.

LA PASSION SELON RACINE

Racine, auteur d'un siècle façonné par la culture judéo-chrétienne, utilise ce ressort de la vengeance divine héréditaire pour illustrer le combat intérieur d'une femme qui lutte contre la passion amoureuse autant qu'elle y succombe. La tragédie du personnage de Phèdre chez Racine a en effet cette particularité : elle ne s'appuie pas sur une faute tangible, puisque l'adultère fantasmé avec Hippolyte n'est pas consommé. En outre, ce dernier n'ayant pas de liens du sang avec Phèdre, le caractère incestueux qui découlerait d'une liaison réelle est relatif.

Profondément divisée par sa passion et par l'effroi qu'elle lui inspire, Phèdre semble en fait incarner la vision morale de Racine, empreinte de jansénisme. L'absence totale de la grâce divine dans la pièce démontre en effet la perte inévitable de Phèdre par elle-même. Cette interprétation de la fatalité divine *(fatum)* se fond cependant avec la *catharsis* qui s'opère. Ainsi, Phèdre, « ni tout à fait coupable, ni tout à fait innocente » comme l'auteur le rappelle dans sa préface, inspire par sa vraisemblance terreur et pitié.

Sarah Bernhardt (au centre) dans le rôle de Phèdre en 1893, photographie de Nadar (1820-1910).

L'ÉCRITURE CLASSIQUE

Au précepte aristotélicien de purgation des passions s'ajoutent les règles du classicisme. Phèdre, profondément divisée, reste un personnage humain, loin de la démesure que lui ont prêtée Euripide et Sénèque. Hippolyte, de même, présenté chez ce dernier sous les traits de la perfection, est rendu accessible chez Racine par son amour pour Aricie. De cette vraisemblance découle naturellement le respect strict de la règle des trois unités, qui fait coïncider l'expérience vécue par le spectateur avec la fiction mise en scène et qui donne à l'action son épaisseur tragique.

Quant à l'innommable, il n'a pas lieu sur scène : le récit de Théramène (V, 6), qui relate la mort d'Hippolyte, permet la fulgurance du merveilleux et du monstrueux sans pour autant la donner à voir. Il en est de même du suicide de Phèdre (V, 7). Enfin, Racine sait mettre l'alexandrin, vers noble par excellence, au service de l'expression des passions à travers un rythme parfois saccadé qui traduit l'indicible (III, 2).

La Sérénade de Pantalon, scène de la commedia dell'arte. Tableau anonyme (1590).

À l'inverse de la tragédie, où le serviteur a davantage le rôle de confident et s'inscrit en double du héros, le valet est, dans la comédie, et malgré la domination qu'exerce sur lui son maître, un personnage central. Sans se résumer à sa seule fonction comique, il véhicule une réflexion sur l'ordre social, qui évolue avec les changements fondamentaux de la société, à partir du XVIIe siècle et jusqu'à aujourd'hui.

LA TRADITION DU VALET COMIQUE

Le monologue de Figaro dans l'acte V du *Mariage de Figaro* de Beaumarchais. Gravure en couleur de Pierre Maleuvre (1740-1803).

Il n'est pas de comédie sans valet. Dès l'Antiquité, en effet, son rôle s'avère indispensable. Ainsi, dans *Le Soldat fanfaron* (Plaute), Artotrogus, qui se moque des exploits imaginaires de son maître, provoque le rire en dénonçant l'arrogance de celui-ci. À partir du XVIIe siècle, le valet de comédie, qui s'inscrit dans cette tradition, est reconnaissable à son caractère tour à tour facétieux, rusé ou ridicule.

Familier du théâtre italien, Molière, fortement inspiré des bouffons de la commedia dell'arte, a contribué à forger le type français à partir des modèles voisins que sont Arlequin, Polichinelle ou Trivelin. C'est ainsi que naissent Sosie, Scapin ou Sganarelle, personnages qui constituent les principaux leviers comiques de la comédie classique. Souvent plus représentatifs que leurs maîtres, ils vont jusqu'à donner leur nom à la pièce : ne parle-t-on pas des *Fourberies de Scapin*, de *L'Île des esclaves* ou du *Mariage de Figaro* ?

LE COUPLE MAÎTRE-VALET

Dérivé du « vassal », dont le terme à l'origine signifie « serviteur », le valet subit toujours la domination d'un maître indispensable à l'existence de son personnage. Le couple maître-valet s'inscrit donc dans une relation complémentaire et souvent conflictuelle. Paradoxalement plus libres que leurs maîtres, toujours occupés par des affaires (on pense au juge Dandin dans *Les Plaideurs*, Racine, 1668), par des responsabilités ou des épreuves, ils ont toute latitude pour se jouer de leur maître, cherchant à inverser les rôles pour réduire les inégalités.

Traître et hypocrite bien souvent, le valet joue la comédie au sein de la pièce. La relation transgressive du valet qui berne son maître ou en rit constitue donc l'un des enjeux de la comédie, avec quelques réserves cependant. Ainsi, dans *Dom Juan* (Molière, 1665), c'est en s'adressant au spectateur par le biais d'apartés, et pas directement à l'intéressé, que Sganarelle se moque de son maître. Le réquisitoire de Figaro seul sur scène (Beaumarchais, *Le Mariage de Figaro*, 1784) procède du même principe de précaution.

Farceurs dansants, tableau de Pieter Jansz Quast (1605/1606-1647).

UN RÔLE EN CONSTANTE ÉVOLUTION

La comédie du valet se lit donc à différentes échelles, qui respectent quasiment l'évolution du rôle dans la chronologie littéraire. Elle est tout d'abord farcesque. L'arrivée du valet sur scène crée une pause comique au sein de la pièce (*Les Fourberies de Scapin*, III, 2, 1671). Un court temps, la classe des maîtres se trouve l'objet de moqueries sans que l'ordre établi soit fondamentalement changé.

Cependant, conformément à l'éthique de Molière (« châtier les mœurs par le rire »), le valet qui se joue de son maître devient aussi le pourfendeur des travers de la classe que ce dernier incarne (Marivaux, *L'Île des esclaves*, 1725). Enfin, à partir de la seconde moitié du XVIIIe siècle, la réflexion morale véhiculée par les Lumières fait du valet le porte-parole d'une interrogation profonde sur la place de l'individu dans la société *(Le Mariage de Figaro)*. Deux siècles plus tard, *Les Bonnes* (1947) de Jean Genet, pièce dans laquelle les domestiques tentent d'assassiner leur maîtresse, y répondent de manière radicale.

L'AUTEUR

BEAUMARCHAIS

LE MARIAGE DE FIGARO

Genre : comédie en cinq actes (dialogue en prose).

Principaux personnages : le Comte Almaviva, la Comtesse, Figaro, Suzanne, Chérubin, Marceline, Bartholo.

Sujet : Suzanne et Figaro vont se marier, mais le Comte, qui convoite Suzanne, et Marceline, désireuse d'épouser Figaro, menacent leur bonheur (acte I). Pour donner le change au Comte, Figaro excite sa jalousie vis-à-vis de la Comtesse (acte II). Marceline gagne son procès contre Figaro, qui doit l'épouser, mais découvre qu'il est son fils (acte III). Pendant le mariage des domestiques, Suzanne donne rendez-vous au Comte. Figaro devient fou de jalousie (acte IV). Le soir, le Comte lutine la Comtesse en croyant avoir affaire à Suzanne. Puis il surprend Figaro avec celle qu'il croit être la Comtesse. Furieux, il veut confondre Figaro, mais c'est finalement lui qui est confondu et s'excuse publiquement. La Comtesse lui pardonne. Suzanne et Figaro sont heureux.

EXTRAIT

ACTE V, SCÈNE 3

FIGARO, *seul, se promenant dans l'obscurité, dit du ton le plus sombre :*

[...] Parce que vous êtes un grand seigneur, vous vous croyez un grand génie[1] !... Noblesse, fortune, un rang, des places, tout cela rend si fier ! Qu'avez-vous fait pour tant de biens ? Vous vous êtes donné la peine de naître, et rien de plus. Du reste, homme assez ordinaire ; tandis que moi, morbleu ! perdu dans la foule obscure, il m'a fallu déployer plus de science et de calculs, pour subsister seulement, qu'on n'en a mis depuis cent ans à gouverner toutes les Espagnes : et vous voulez jouter... On vient... c'est elle... ce n'est personne. – La nuit est noire en diable, et me voilà faisant le sot métier de mari, quoique je ne le sois qu'à moitié ! *(Il s'assied sur un banc.)* Est-il rien de plus bizarre que la destinée ? Fils de je ne sais pas qui, volé par des bandits, élevé dans leurs mœurs, je m'en dégoûte et veux courir une carrière honnête ; et partout je suis repoussé ! J'apprends la chimie, la pharmacie, la chirurgie, et tout le crédit d'un grand seigneur peut à peine me mettre à la main une lancette[2] vétérinaire ! – Las d'attrister des bêtes malades, et pour faire un métier contraire, je me jette à corps perdu dans le théâtre : me fussé-je mis une pierre au cou ! Je broche[3] une comédie dans les mœurs du sérail[4]. Auteur espagnol, je crois pouvoir y fronder Mahomet sans scrupule : à l'instant, un envoyé... de je ne sais où se plaint que j'offense dans mes vers la Sublime Porte[5], la Perse, une partie de la presqu'île de l'Inde, toute l'Égypte, les royaumes de Barca[6], de Tripoli, de Tunis, d'Alger et de Maroc : et voilà ma comédie flambée, pour

1. Génie : talent.

2. Lancette : instrument de chirurgie.

3. Broche : écris à la hâte.

4. Dans les mœurs du sérail : à la mode orientale, alors très en vogue.

5. La Sublime Porte : l'Empire ottoman (1354-1918).

6. Royaume de Barca : actuelle Libye.

plaire aux princes mahométans, dont pas un, je crois, ne sait lire, et qui nous meurtrissent l'omoplate, en nous disant : « chiens de chrétiens ». – Ne pouvant avilir l'esprit, on se venge en le maltraitant. – Mes joues creusaient, mon terme était échu : je voyais de loin arriver l'affreux recors[7], la plume fichée dans sa perruque : en frémissant je m'évertue. Il s'élève une question[8] sur la nature des richesses ; et, comme il n'est pas nécessaire de tenir les choses pour en raisonner, n'ayant pas un sol, j'écris sur la valeur de l'argent et sur son produit net[9] : sitôt je vois du fond d'un fiacre baisser pour moi le pont d'un château fort, à l'entrée duquel je laissai l'espérance et la liberté[10] *(Il se lève.)* Que je voudrais bien tenir un de ces puissants de quatre jours, si légers sur le mal qu'ils ordonnent, quand une bonne disgrâce a cuvé son orgueil ! Je lui dirais... que les sottises imprimées n'ont d'importance qu'aux lieux où l'on en gêne le cours ; que, sans la liberté de blâmer, il n'est point d'éloge flatteur ; et qu'il n'y a que les petits hommes qui redoutent les petits écrits.

7. Recors : officier de justice chargé d'assister l'huissier lors des saisies.

8. Une question : un sujet de réflexion mis en concours par l'Académie.

9. Produit net : différence entre le produit de la vente et le montant total des frais de production, notion élaborée par l'économiste Quesnay.

10. Je laissai l'espérance et la liberté : allusion à l'épigraphe sous laquelle Dante voit s'ouvrir la porte de l'Enfer dans *La Divine Comédie* : « Vous qui entrez, abandonnez toute espérance » (III, v. 9).

BEAUMARCHAIS

Nom : Pierre-Augustin Caron de Beaumarchais.

Naissance : 24 janvier 1732, grande rue Saint-Denis à Paris, sous le nom de Pierre-Augustin Caron.

Début de sa carrière : brillant et ambitieux touche-à-tout : d'abord horloger inventif, musicien des filles du roi, homme d'affaires et de cour, marchand d'armes et agent secret, avant de se tourner vers le théâtre. Déjà célèbre pour ses procès retentissants et son insolente fortune, lors de ses débuts dans la carrière dramatique ; à partir de 1757, fait jouer des parades (courtes farces populaires et délurées) sur la scène privée du château de l'homme d'affaires Lenormant d'Étioles ; débuts publics avec *Eugénie* (drame, 1767). D'abord sifflée, aussitôt remaniée, succès honorable ; *Les Deux Amis ou Le Négociant de Lyon* (drame, 1770), représentée à la Comédie- Française, échec.

Premiers succès : triomphe du *Barbier de Séville* (1775) à la Comédie-Française.

Tournant de sa carrière : *Le Mariage de Figaro* (1785), comédie, suite du « Barbier », est jouée à la Comédie-Française après plus de deux ans d'une lutte acharnée pour surmonter les interdictions. Accueil triomphal.

Dernière partie de sa carrière : *Tarare* (opéra, 1787). Médiocre succès. Fin de la trilogie espagnole avec *La Mère coupable*, drame joué au théâtre du Marais en 1792.

LE MARIAGE DE FIGARO

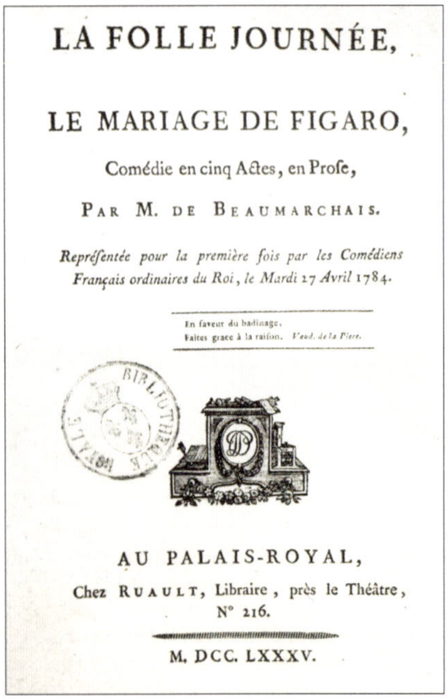
LA FOLLE JOURNÉE,

OU

LE MARIAGE DE FIGARO,

Comédie en cinq Actes, en Prose,

PAR M. DE BEAUMARCHAIS.

Représentée pour la première fois par les Comédiens Français ordinaires du Roi, le Mardi 27 Avril 1784.

En faveur du badinage,
Faites grace à la raison. *Vaud. de la Pièce.*

AU PALAIS-ROYAL,
Chez RUAULT, Libraire, près le Théâtre,
N° 216.

M. DCC. LXXXV.

Page de titre de l'édition originale (février 1785).

Œuvre centrale d'une trilogie constituée du *Barbier de Séville* (1775) et de *La Mère coupable* (1792), *Le Mariage de Figaro*, écrit en 1783 mais joué un an plus tard en raison de la censure, réserve une place de choix au valet. Le rôle de celui-ci, au sein d'une comédie aux multiples intrigues, est particulièrement riche : porte-parole de Beaumarchais, homme des Lumières, Figaro libère le valet de comédie de son carcan traditionnel et incarne le bouleversement de l'ordre social.

L'ÉVOLUTION DU PERSONNAGE COMIQUE

Figaro tire tout d'abord sa complexité de sa préexistence à la pièce. Le barbier du premier volet de la trilogie, c'est déjà lui : l'homme aux multiples ressources, qui arrange alors les amours du comte Almaviva, s'inscrit dans la tradition comique classique tout en restant nimbé de mystère. Doté d'un nom à l'étymologie incertaine, probablement inventé par Beaumarchais (de *picaro*, héros des romans espagnols, ou de *figue*, *faire la figue à quelqu'un* signifiant « s'en moquer »), Figaro échappe en effet au stéréotype. Si l'on retrouve dans *Le Mariage de Figaro* le valet d'antan, le personnage a en effet évolué au gré de la relation qui l'unit à son maître : amoureux de Suzanne (la femme de chambre de la comtesse Almaviva) qu'il doit épouser, il devient le rival du comte au nom de l'ancien privilège qui permet au seigneur d'abuser de la domesticité féminine. Cette lutte, qui a lieu sur le terrain des sentiments, s'inscrit en parallèle de celle qui a lieu sur le terrain des idées : le valet de comédie, avec Figaro, devient en effet la tête pensante de la pièce et le personnage central de l'intrigue.

Le Mariage de Figaro (acte V, scène 3), dessin (1876) d'Émile Bayard (1837-1891).

AU SERVICE DE LA SATIRE

La place du valet de comédie n'est donc plus la même. En étant lui-même porte-parole des revendications d'une classe, Figaro bouleverse la comédie de caractère, qui jusqu'ici dénonçait les personnages par l'analyse qu'en faisait leur auteur. Le rôle de premier plan de Figaro au sein de la famille Almaviva, représentative de l'ordre social, en fait le détracteur principal.

Filée tout au long de la pièce, la satire est particulièrement expressive à l'acte III. À la scène 5 en effet, Figaro déploie sa verve envers la politique pour s'en prendre ensuite, au cours du procès, à une justice grippée et corrompue (III, 15). Elle culmine ensuite au dernier acte. Si la fin de la pièce marque le retour à l'ordre, le spectateur en retient d'abord la diatribe de Figaro à l'acte V, lors du monologue résumant les tensions qui rythment la pièce. Expression des doléances d'une classe malmenée, Figaro dénonce, à travers son réquisitoire, l'arbitraire et l'injustice des privilèges dont jouissent la noblesse et le pouvoir.

Les Noces de Figaro (acte I, scène 7), opéra de W. A. Mozart sur un livret de L. da Ponte (1786), d'après la pièce de Beaumarchais. Gravure en couleur représentant le Comte Almaviva et Chérubin.

UN HÉROS DE ROMAN

Renouvelant le type du valet de comédie pour monter volontiers à la tribune et fustiger la noblesse, Figaro est cependant avant tout préoccupé par ses intérêts personnels, son mariage en l'occurrence. Au sein de la microsociété dans laquelle cohabitent maîtres et domestiques, ce frondeur est également un héros à la conquête d'un droit au bonheur.

Cette épaisseur romanesque, tissée à la faveur des maints rebondissements de l'intrigue, fait de Figaro un personnage dont l'existence peut presque s'envisager sans la dépendance étroite à l'égard de son maître : en témoigne la scène de reconnaissance (III, 16) qui révèle sa parenté et fait la lumière sur sa naissance. Il en est de même avec le monologue du dernier acte (V, 3), qui permet de revenir sur le passé de cet aventurier aux allures picaresques. *La Mère coupable*, dernier volet de la trilogie, montrera un Figaro embourgeoisé et définitivement apaisé dans ses aspirations.

L'HUMANISME

SES ORIGINES

L'humanisme, mouvement littéraire européen, voit le jour au XVIe siècle avec les grandes découvertes de la Renaissance. L'invention de l'imprimerie par Gutenberg, en 1450, permet une diffusion très large d'ouvrages qui, auparavant, n'existaient que sous forme de manuscrits onéreux que seuls les lecteurs les plus fortunés pouvaient posséder. La Bible, les ouvrages antiques et les œuvres nouvelles commencent donc à circuler. Ces dernières font état de progrès scientifiques qui révolutionnent la vision du monde. Copernic affirme que la Terre tourne autour du Soleil. Galilée perfectionne la lunette astronomique et observe Vénus et les satellites de Jupiter. Le savoir, les lettres et les arts se diffusent dans les cours princières et rayonnent, encouragés par le mécénat. François Ier attire en France les artistes italiens les plus illustres.

Le terme « humanisme », du latin *humanitas*, désigne précisément cette célébration de la culture et particulièrement l'enseignement des lettres et des humanités (latin et grec). Mais l'humaniste est un homme complet, érudit, peintre, architecte et ingénieur comme Léonard de Vinci ou médecin, prêtre et écrivain comme François Rabelais.

Le terme qualifie également une élégance et une courtoisie inséparables de toute culture, et plus largement un idéal de sagesse et une philosophie de vie.

L'ÉLARGISSEMENT DU MONDE

Les grands voyages permettent de découvrir de nouveaux territoires. La découverte des Antilles par Christophe Colomb, en 1492, contribue notamment au nouveau regard posé sur l'univers. Rapidement, ces voyages deviennent l'occasion de conquêtes et d'importation d'esclaves. Ils mettent en contact les Européens avec des civilisations différentes et provoquent un choc culturel, philosophique et religieux. Comment concilier ces découvertes avec la vision du monde héritée des Anciens et reprise par l'Église au Moyen Âge ? Comment est-il possible que ces peuples n'aient pas été mentionnés par la Bible ? Comment allier la volonté de les évangéliser avec les massacres et les exactions des conquérants dénoncés par les moines évangélistes ?

La réflexion sur l'altérité menée par Montaigne naît de ces questionnements. Les anciens repères s'effondrent.

LA REDÉCOUVERTE DE L'ANTIQUITÉ

Les humanistes se consacrent à l'étude des langues anciennes : le latin, le grec et l'hébreu. Mais leur approche diffère de celle réservée aux études médiévales. Ils adoptent une attitude critique face aux textes, les confrontent à leur époque et affichent leurs préférences. Platon, resté dans l'ombre jusque-là, est préféré à Aristote, dont le système était exalté au Moyen Âge. La découverte des ouvrages scientifiques de l'Antiquité constitue une occasion de dépasser certaines connaissances.

La réflexion et la quête d'encyclopédisme deviennent fondamentales et se substituent au culte de la mémorisation célébré au Moyen Âge.

UNE RÉFLEXION CENTRÉE SUR L'HOMME

L'humanisme rompt avec la perception pessimiste de l'homme et du monde héritée du Moyen Âge. En effet, l'homme n'est plus considéré comme un être déchu par le péché originel et retrouve sa dignité d'être créé par Dieu à son image. Il apparaît au cœur de ce mouvement qui traverse l'Europe. Intelligent, libre, il est capable de progrès.

Le corps lui-même n'est plus considéré comme une enveloppe dégradée qui rappelle la finitude de l'homme ; au contraire, il est exalté par la sculpture. L'individu s'affirme dans tous les domaines, y compris dans l'art, où l'autoportrait est pratiqué.

COMBATS ET CRISES

L'essor des langues nationales est encouragé aux dépens du latin par Du Bellay et par les poètes de la Pléiade. L'autorité de l'Église, l'ambition des papes, la vie de cour des prélats et l'ignorance des curés sont critiquées par les humanistes qui préparent ainsi la Réforme. Les guerres de Religion entre catholiques et protestants ébranlent l'optimisme humaniste. Le doute envahit les consciences : la vie ne serait qu'une illusion et l'homme, un être inconstant. L'humanisme cède ainsi peu à peu la place au baroque à l'aube du XVIIe siècle.

LE CLASSICISME

UN PRODUIT DE LA MONARCHIE ABSOLUE

1661-1685 : ces années qui voient le triomphe de la monarchie absolue forment aussi l'âge d'or du classicisme. Il se fonde en effet sur l'irrésistible montée en puissance de Louis XIV. Le roi concentre les pouvoirs, assure l'unité religieuse et idéologique en restreignant les droits des protestants. Il construit la prospérité économique du pays, encourage l'industrie, le commerce et l'agriculture et affirme la présence française à l'extérieur par de nombreuses guerres. Il participe aussi au rayonnement des arts et des lettres en devenant un mécène en quête de nouveaux talents.

Ce pouvoir mené d'une main de fer explique le goût des règles et de l'ordre chez les classiques. Le mécénat crée une véritable stimulation et participe au renouvellement des genres littéraires. La monarchie absolue fait également naître un idéal de vie dans tous les domaines.

L'IMITATION DES ANCIENS

Les classiques se tournent vers la culture grecque et latine, considérée comme exemplaire. En plus de résister au flot impétueux des époques et des modes, elle aborde tous les sujets importants. Le culte de l'Antiquité n'est pas pour autant une imitation aveugle. Soumise à la raison et au naturel, elle n'aliène pas l'originalité de l'auteur. À la fin du siècle, pourtant, la querelle des Anciens et des Modernes, qui cherchent à dépasser les œuvres de l'Antiquité, témoigne d'une distance prise par rapport à ce modèle.

L'ORDRE DU MONDE

Les écrivains classiques recherchent le naturel et le vrai. La nature forme un creuset d'inspiration inépuisable. L'artifice, les mirages de l'imagination sont condamnés. La quête de la vraisemblance, règle majeure du théâtre classique, et la volonté de peindre l'homme d'après nature s'expliquent par cet idéal d'authenticité.

Les classiques jugent également la nature comme éternelle et immuable ; ils recherchent par là dans leurs œuvres ce qui est permanent et universel dans l'homme et rejettent l'individuel, le particulier.

L'ordonnancement du monde leur inspire un idéal de simplicité, de pureté, et une quête de règles. L'œuvre classique vise la clarté et la justesse. L'adéquation entre la pensée et le langage doit être parfaite. Cet absolu ne saurait s'accomplir sans principes. D'Aubignac et Corneille fondent les grandes règles du théâtre classique. La raison guide et ordonne la création. Tendant vers un idéal d'équilibre et d'harmonie, elle conjure les excès des sentiments. L'œuvre classique doit être impersonnelle et fuir le lyrisme, signe d'impudeur. La maîtrise de soi y est fondamentale.

L'HONNÊTE HOMME

La Cour éclipse peu à peu les salons qui prescrivaient jusque-là l'art de se comporter dans le monde. La mode de la préciosité, jugée compliquée et pédante, est rejetée au profit de l'idéal de l'honnête homme. Poli, mesuré, discret, galant sans artifice, celui-ci se caractérise par une élégance extérieure et morale qui ne se conçoit que dans une société civilisée et disciplinée.

L'honnête homme ne raille plus ses proches et ne cherche plus à se mettre en avant à leur détriment. Il se conduit en gentilhomme et reconnaît le mérite personnel. Sa véritable noblesse ne réside pas dans sa condition sociale, mais dans les qualités de son cœur et de son esprit. Ouvert et tolérant, il s'intéresse à tout sans passer pour un prophète ou pour un mage. Cet idéal est bien plus qu'un art de vie : c'est un *savoir-être*.

ET LE CLASSICISME AUJOURD'HUI ?

Lié à un régime politique né au XVIIe siècle, le classicisme semble avoir disparu. Il a d'ailleurs révélé même à son époque des incohérences. La peinture de la violence et du désordre des passions dans l'univers racinien s'éloigne de l'ordre et la sobriété visés par les classiques. Le lyrisme qui affleure dans les *Lettres* de Mme de Sévigné résiste à l'impersonnalité.

Que reste-t-il de lui aujourd'hui ? Sans doute la quête d'une beauté absolue et d'une perfection esthétique qui traverse le temps et rend une œuvre « classique », c'est-à-dire éternelle.

LES LUMIÈRES

DE LA RÉGENCE À LA RÉVOLUTION FRANÇAISE : L'ÉVEIL DU SIÈCLE

À la mort de Louis XIV, en 1715, la société change. La disparition du roi libère les forces que son despotisme maintenait contenues. On découvre l'irrespect, la frivolité, et on pratique un rire libérateur.

Cet esprit se manifeste sous la Régence par une atmosphère de luxe et de « fête galante » traduite par le peintre Antoine Watteau. Les comédies de Marivaux, qui offrent un tableau du badinage amoureux et des jeux de l'amour, empruntent aussi à cette atmosphère légère.

La libération des idées s'exprime également en philosophie. La critique désacralisante de la religion dans le *Dictionnaire* de Bayle, constamment réédité depuis 1720, témoigne de ce trait, tandis que le doute méthodique de Descartes fait l'objet d'un scepticisme nouveau. C'est ce que Fontenelle appellera le « sourire de la raison », car le XVIIIe siècle ne se laisse pas réduire aux « lumières » de la raison. Certes, les sciences y accomplissent un progrès prodigieux, mais l'esprit rationaliste ne constitue que l'un des versants du XVIIIe siècle, lequel permet aussi à l'esprit railleur et frondeur de s'aiguiser. Le succès des *Lettres persanes* (1721) de Montesquieu est significatif à cet égard ; les opuscules anonymes se multiplient.

Progressivement, le ton s'assombrit : le passage des *Lettres persanes* de Montesquieu aux *Lettres philosophiques* (1734) de Voltaire, brûlées pour libertinage religieux et politique, marque cet infléchissement. Un ton sérieux gagne même le théâtre : la comédie devient « larmoyante » chez Beaumarchais ; Marivaux glisse du merveilleux baroque à la comédie sociale ou morale.

LE ZÉNITH DES LUMIÈRES

Peu à peu, l'esprit ne se contente plus de contester, mais s'assigne pour but un inventaire complet des phénomènes et cherche à saisir l'unité du tout. L'*Encyclopédie* dirigée par Diderot et d'Alembert en témoigne (1751-1772). Elle répertorie toutes les connaissances du temps et s'impose comme l'expression définitive de la pensée humaine enfin « éclairée ». Le *Dictionnaire philosophique* (Voltaire, 1764) formera son pendant critique. Ces œuvres condamnées montrent aux philosophes qu'ils sont traqués et renforcent leur lutte contre « l'Infâme ». L'esprit de liberté souffle partout et permet à l'homme de fonder une morale qui ne dérive plus de l'Église ; il surgit en politique avec le libéralisme et dans la lutte pour l'abolition de l'esclavage ; il s'exprime dans l'émancipation des femmes. Le combat mené contre le fanatisme et pour la tolérance en forme une autre pierre de touche : le *Traité sur la tolérance* (1763) de Voltaire le révèle.

EN MARCHE VERS LA RÉVOLUTION

Face aux attaques contre les idées nouvelles, les esprits se replient : aux lumières frondeuses s'oppose la « lumière intérieure » de la conscience évoquée par Rousseau (*La Profession de foi du vicaire savoyard*, 1762). La sensibilité exaltée contient en germe le romantisme. Mais un arrière-plan menaçant se dessine et chacun se sait à la veille d'une crise.

Lorsque le roi convoque les États généraux en 1789 pour écouter les doléances du peuple, il est trop tard et la Révolution éclate. La monarchie est abolie et Louis XVI guillotiné en 1793 ; à peine établie, la République doit repousser la coalition des armées royalistes formée par les pays voisins. La mort de Robespierre, en 1794, met fin au régime de la Terreur et prépare l'installation du Directoire qui amènera Napoléon au pouvoir.

LA VIE INTELLECTUELLE

La Cour cesse d'être le centre du pays et la source de l'opinion. Le mouvement des idées se fait contre elle et non plus par elle. Elle est supplantée par les salons. À Paris, les cafés, les journaux, les boulevards deviennent le centre de la vie sociale. On y commente les mesures du gouvernement. Les écrivains se retrouvent également dans les académies pour débattre des idées nouvelles ; ils éclairent les peuples et les princes et livrent une nouvelle conception de la société. Le goût pour les jouissances se développe : le bonheur est en ce monde.

LE ROMANTISME

SES ORIGINES

Le romantisme est un mouvement européen majeur, qui se développe en France à la chute de l'Empire napoléonien, sous la Restauration et la monarchie de Juillet.

Le terme, employé pour la première fois en Angleterre au XVIIIe siècle, désigne d'abord un paysage, puis une étendue de terre, où la nature dégage poésie et sentimentalité. Le poète allemand August von Schlegel en fixe le sens en 1798, en lui opposant la littérature classique. Désormais, l'artiste puise son inspiration dans l'histoire nationale.

Amorcé au XVIIIe siècle par les écrivains de la sensibilité comme Rousseau, il se répand en France à l'aube du XIXe siècle grâce, d'une part, à Mme de Staël et son livre *De l'Allemagne* (1808-1810), d'autre part, à Chateaubriand, qui exprime avec lyrisme dans son œuvre monumentale les principaux thèmes romantiques : l'amertume de l'exil, la solitude du moi et le refuge dans la nature sublime.

La Révolution est le grand événement historique qui a déclenché, en France, la rupture formelle et idéologique avec le classicisme. La chute de l'Empire napoléonien laisse également une jeune génération désœuvrée et désenchantée, dégrisée. Ce « mal du siècle » est traduit dans *La Confession d'un enfant du siècle* (1836) de Musset.

SES PRINCIPES

Le romantisme s'attache à la singularité et à la complexité de l'individu, dont il dévoile souvent la dualité. Il ne recherche plus l'universalité de l'homme, mais ses particularités. Cet intérêt passe par la révélation d'une intériorité. Les élans du cœur sont exaltés. La démesure des passions forme un thème privilégié du romantisme.

Ce mouvement cherche l'harmonie entre le moi et la nature, laquelle n'apparaît plus comme un simple décor mais devient un espace mystérieux source d'interrogations pour le sujet euphorique ou souffrant qui rêve d'une totalité.

Face au « mal du siècle », le romantique fuit une réalité décevante et commune en plongeant dans un ailleurs spatial ou temporel : le goût pour le Moyen Âge et la Renaissance supplante le retour vers l'Antiquité, jugée trop éloignée des préoccupations de l'époque.

L'écrivain et l'artiste romantiques se démarquent également par leur engagement. L'histoire est perçue comme le champ d'action des énergies collectives et des défis du héros solitaire. La littérature a une mission sociale rappelée par Alphonse de Lamartine, Victor Hugo ou George Sand.

Le romantique libère l'art de tous les carcans institués par la tradition. Dès le début du siècle, Mme de Staël invitait à rompre avec les contraintes du classicisme. Victor Hugo ira plus loin avec la création du drame romantique, qui tire un trait sur les règles du théâtre classique. La bataille d'*Hernani*, en 1830, reste à cet égard l'événement littéraire emblématique de l'affrontement entre classiques et romantiques.

LES GENRES À LA MODE

En plus du drame romantique, qui fait entrer l'histoire sur scène et qui donne vie à un héros révolté face aux pesanteurs du pouvoir, le romantisme met à l'ordre du jour l'autobiographie, centrée autour du moi. Ce genre projette un moment de crise dans la conscience, comme dans *Adolphe* (1816) de Benjamin Constant ou *La Confession d'un enfant du siècle* de Musset. Le roman historique connaît aussi son épanouissement grâce à l'influence de l'Écossais Walter Scott. *Notre-Dame de Paris* (1831-1832) de Hugo et *Les Trois Mousquetaires* (1844) de Dumas en offrent un exemple. Désormais, l'histoire est livrée à travers le prisme d'une sensibilité et d'une subjectivité ; elle devient une philosophie. Le roman et le conte fantastiques s'épanouissent également, traduisant le goût pour l'irrationnel et l'occultisme.

Dans le domaine de la poésie, Lamartine avait fait figure de précurseur en publiant, en 1820, ses *Méditations poétiques*. Délaissant elle aussi l'imitation des classiques, la poésie romantique, sous la plume de Musset, Vigny, Hugo ou Nerval, favorise l'expression des émotions du moi, en sympathie mystérieuse avec les hommes et l'univers. Le lyrisme devient ainsi le mode privilégié du poète pour donner la parole au monde dont ses vers sont l'écho.

LE RÉALISME

UN MOUVEMENT DANS L'HISTOIRE

En 1848 éclate un mouvement révolutionnaire qui renverse la monarchie de Juillet au profit de la IIe République. Ce bouleversement politique et social, qui donne la voix au peuple, se répercute dans l'art et la littérature. Les écrivains et les peintres rejettent les conventions bourgeoises et condamnent l'idéalisme et l'académisme, qui reflètent ces valeurs. Ils veulent désormais peindre la réalité de leur temps, explorer la vie quotidienne sous toutes ses formes et représenter dans leurs œuvres tous les milieux sociaux, même les plus défavorisés (les ouvriers et les artisans, notamment).

LE CÉNACLE RÉALISTE

Le peintre Gustave Courbet lance le mouvement en puisant le sujet de ses tableaux dans la réalité provinciale, banale et humble. *Un enterrement à Ornans*, présenté en 1850, en témoigne. Autour de lui se crée un groupe d'artistes et d'hommes de lettres. Champfleury (1821-1889) et Duranty (1833-1880) sont les deux théoriciens du courant ; ce dernier fonde la revue *Réalisme* en 1856. En plus de s'intéresser au peuple, les réalistes s'attachent à des études de mœurs et présentent, à travers les personnages de la fiction, des types sociaux contemporains. Dans sa monumentale *Comédie humaine* (1842-1848), Balzac dresse le portrait de la société contemporaine tout en démontant les mécanismes économiques et les passions qui conduisent l'individu, représentatif d'une catégorie humaine, à la réussite ou à l'échec. Les clichés et l'idéalisme du romantisme paraissent fades et éculés ; Gustave Flaubert (1821-1880) en raille les invraisemblances et les dangers dans *Madame Bovary* (1857). Maupassant, son disciple, le suivra dans cette voie avec *Une vie* (1883). Il montrera dans son roman suivant, *Bel-Ami* (1885), comment l'ambition, l'opportunisme et l'argent mènent le monde.

Ce souffle démystificateur ne doit cependant pas faire oublier que plusieurs écrivains oscillent entre romantisme et réalisme, comme Stendhal ou Victor Hugo, chantre du romantisme, qui compose un roman réaliste avec *Les Misérables*, en 1862.

LES PRINCIPES

Le réalisme préconise la vérité dans l'art. Le réel ne doit pas être travesti ou sublimé, mais montré dans sa nudité, parfois triviale et crue. La multiplication des détails vrais, l'expansion de la description ainsi que l'utilisation de niveaux de langue adaptés à la situation des personnages concourent à cet effet. L'observation clinique de la psychologie, empruntée à la phrénologie et à la physiognomonie, tend aussi à une représentation objective du réel. Le positivisme produit le scientisme qui gagne désormais la littérature. Toutefois, même si les auteurs exposent les faits, ils le font à travers leur subjectivité. Le réel ne peut être rendu à l'état brut ; il est filtré par une vision personnelle. Or chaque écrivain a la sienne. La tradition scolaire regroupe donc sous une bannière commune des auteurs variés.

La prise en compte de la réalité explique l'importance de l'histoire dans le récit réaliste. Le destin des personnages est lié à une époque particulière. Dans *Le Rouge et le Noir* (1830), Stendhal inscrit la trajectoire de Julien Sorel, héros plébéien, sous la Restauration. La plupart des romans de *La Comédie humaine* situent leur intrigue sous la monarchie de Juillet. L'histoire interagit sur l'individu tout comme le fait également son milieu.

Toutefois, le réel est stylisé, traduit de manière poétique et symbolique dans le roman ou la nouvelle, genres emblématiques du réalisme.

LE TRAVAIL DE L'ÉCRIVAIN

L'écrivain n'est plus inspiré : « La Muse, c'est fini », note Gustave Flaubert dans sa *Correspondance*. Il tient une correspondance ou un journal, ouvre le laboratoire de sa création et promeut la valeur du travail littéraire. Il se documente avant de composer son œuvre et consigne les informations sur le terrain pour les distiller dans la fiction, d'où le déploiement d'un vocabulaire spécialisé. Il nourrit le souci de l'exactitude et de la précision. Écrire devient un véritable métier.

LE NATURALISME

L'HISTOIRE DU MOUVEMENT

En 1866, Émile Zola (1840-1902) combine trois sens du terme « naturalisme » : un sens philosophique d'après lequel rien n'existe en dehors de la nature, un sens esthétique, la représentation exacte de la nature, qui recoupe le sens littéraire (les procédés permettant à un artiste témoin de son époque de donner l'illusion du réel). Le naturalisme est donc un mouvement proche du réalisme.

Les premiers artistes se réunissent autour de Zola et forment le groupe de Médan. Maupassant (considéré aussi comme un écrivain réaliste) et Huysmans, qui se retournera contre le mouvement en 1884, participent à ces réunions où l'on débat de littérature et d'art. En 1880, le groupe publie un recueil de nouvelles, *Les Soirées de Médan*. Les vives réactions suscitées par la parution de l'ouvrage n'empêchent pas Zola d'ouvrir de nouvelles perspectives au naturalisme.

LES INFLUENCES

Le naturalisme connaît plusieurs influences. Il emprunte aux écrivains réalistes la volonté de représenter l'individu dans la société et dans son temps. Les fléaux sociaux et les malheurs du peuple y sont représentés sans complaisance. Le cycle des *Rougon-Macquart*, série de romans écrits par Zola entre 1871 et 1893, porte comme sous-titre évocateur : *Histoire naturelle et sociale d'une famille sous le second Empire*. Le naturalisme s'imprègne également du positivisme d'Auguste Comte (1798-1857), qui souligne le rôle capital du progrès dans l'histoire de l'humanité. Il est aussi marqué par la théorie de l'hérédité et l'évolutionnisme. Ce mouvement élargit donc le champ de l'exploration romanesque en transposant la science moderne dans la littérature.

UNE NOUVELLE MÉTHODE

S'appuyant donc sur les découvertes des savants de son temps, Zola élabore la théorie du « roman expérimental » à partir de l'*Introduction à l'étude de la médecine expérimentale* (1865), de Claude Bernard. Partant d'une observation faite sur un fait social (violence, paupérisme, alcoolisme), le romancier invente une situation pour contrôler cette observation. C'est l'hypothèse. Le rôle du récit est de la vérifier. Le dénouement apparaît comme le résultat de cette expérimentation. Zola affirme pouvoir ainsi comprendre le mécanisme des actions.

Il montre l'influence de l'hérédité en se fondant sur les travaux du docteur Prosper Lucas (1808-1885) : les caractères sont transmis d'une génération à l'autre. Chaque personnage possède ainsi une histoire déterminée par son hérédité. Celle-ci se décline comme une fatalité biologique qui dépossède l'individu de son destin et le ramène à cette fêlure des origines.

Le corps social apparaît également régi par les lois de la sélection naturelle et la lutte pour la vie. Seuls les individus les plus forts survivent, les autres sont voués à disparaître prématurément. Zola s'inspire ici de la théorie de Darwin formulée dans *De l'origine des espèces par voie de sélection naturelle* (1859).

L'homme paraît ainsi déterminé, dans ses comportements individuels et sociaux, par plusieurs facteurs. Il est notamment influencé par son environnement et sa famille.

Pour construire une vision scientifique du monde et de l'homme, le romancier naturaliste mène, comme l'écrivain réaliste, une enquête minutieuse sur le réel. Le travail de documentation y apparaît aussi comme étant essentiel. Zola, avant de composer chacun de ses romans, va sur le terrain et remplit ses « carnets » et ses « notes » d'observations dont il parsème ses œuvres. L'objectivité est toutefois tempérée par le regard de l'auteur. Le symbolisme des objets, la mythification du réel, le souffle épique qui traverse les grandes créations naturalistes témoignent tous d'un même fait : le réel, malgré sa transposition scientifique, accède à l'art.

Le roman et la nouvelle sont les genres privilégiés dans lesquels s'exprime le naturalisme. En plus des romans de Zola, on peut citer *Germinie Lacerteux* (1865) des frères Goncourt, roman qui développe un cas d'hystérie. Quelques œuvres seront portées au théâtre, comme celles d'Henry Becque ou de Zola.

LE SURRÉALISME

UNE VAGUE DE CONTESTATION

En 1918, après le choc de la Première Guerre mondiale, certains auteurs mettent en cause la morale, le langage et la raison, qu'ils accusent d'avoir permis de commettre l'irréparable. Le surréalisme prend forme dans ce mouvement contestataire entre 1920 et 1924, en étant d'abord en symbiose avec le dadaïsme. Tristan Tzara, chantre de ce courant, avait voulu lui donner un nom à partir de deux syllabes insignifiantes : *dada*. Derrière ce mot se cache tout un programme pour défaire les illusions de l'humanisme et de la bonne conscience, et pour s'en moquer hardiment. Autour de lui se réunissent de jeunes poètes révoltés tels que Paul Éluard, André Breton, Louis Aragon ou encore Robert Desnos, qui expriment leur insubordination à toute règle et provoquent des scandales publics. L'idéalisme est rejeté au profit du nihilisme. La littérature et l'art n'ont plus pour mission d'assurer le salut public.

DU DADAÏSME AU SURRÉALISME

Une rupture survient en 1924 avec la publication du *Manifeste du surréalisme* par André Breton. Le surréalisme, qui rassemble notamment autour de lui Aragon, Éluard et Desnos, juge le mouvement dada trop gratuit. Il entend faire sortir la poésie de ses bornes pour lui permettre d'explorer l'infini. Il veut libérer l'homme de toutes les contraintes de la civilisation et de la culture bourgeoise afin qu'il accède à un univers supérieur mêlant réel et imaginaire. Le surréel est né. Ainsi, les oppositions entre la vie et la mort, le réel et l'imaginaire, le présent et le futur, le visible et l'invisible s'évanouissent. S'appuyant sur les recherches de la psychanalyse, le surréalisme explore l'inconscient et révèle la puissance de l'imaginaire. Une autre façon de vivre apparaît ; la quête de l'insolite et l'errance dans le rêve deviennent une manière d'être au monde et de le parcourir *librement*. Le surréalisme exprime aussi le désir avec subversion. La femme devient objet de fantasme et d'inspiration. La création n'est plus préméditée ; le hasard y participe. Il fait naître l'illumination créatrice à travers la rencontre fortuite de personnes et les associations libres d'idées et d'images qui bouleversent les habitudes et renversent les conformismes.

UN AUTRE RAPPORT AU LANGAGE

L'accès à l'inconscient et l'exploration de l'inconnu conduisent à une autre manière de créer. L'écriture automatique, qui consiste à écrire sous la dictée de l'inconscient des phrases que la logique et la morale auraient interdites, surgit dans ce contexte. L'association libre et le jeu humoristique sur les mots, leurs sens, leurs sonorités, leur alliance inattendue renouvellent le rapport au langage. Neuf, libéré de toute contrainte, il est réinventé. Ce lien inédit de réalités disjointes s'exprime en peinture par le collage. Les surréalistes rapprochent également par des images, métaphores ou comparaisons des réalités éloignées. L'image poétique y acquiert une vigueur nouvelle et déroutante. Ces nouvelles voies ouvertes à l'imagination inspirent les écrivains, les artistes comme Salvador Dalí, Max Ernst ou Man Ray, et les cinéastes tels que Luis Buñuel.

Mouvement inspiré, le surréalisme brise les frontières traditionnelles entre poésie et prose, peinture et littérature.

LE SURRÉALISME EST-IL MORT ?

Le mouvement perd sa vigueur après les années 1930. Les jeunes poètes qui l'avaient initié suivent d'autres voies. La forte personnalité de Breton, qui exclut plusieurs membres, affaiblit le surréalisme. La Seconde Guerre mondiale produit aussi d'autres questionnements qui rendent les expériences surréalistes sur le langage désuètes et gratuites. La plupart des surréalistes n'étaient-ils pas eux-mêmes les bourgeois dont ils condamnaient la morale ? Le mouvement perd en crédibilité.

Il exerce pourtant, bien après sa disparition officielle à la mort de Breton, en 1966, une fascination dans la société et continue à inspirer des artistes. Le mélange du matérialisme et de l'occultisme, de l'engagement et de la gratuité de l'art, n'y est sans doute pas pour rien, excédant la simple attirance esthétique.

LEXIQUE

Anthropocentrisme : conception de l'homme, qui place celui-ci au centre de l'Univers.

Anthropologie : étude de l'homme.

Aristotélicien : qui se rapporte à Aristote.

Art poétique : texte visant à définir les caractéristiques formelles et esthétiques en poésie.

Canons : ensemble de critères définissant une esthétique.

Catharsis : dans la tragédie, processus de libération des passions à destination du spectateur, par la mise en scène de celles-ci.

Chronique : suite de faits donnés dans l'ordre de leur déroulement. La chronique peut être historique ou prendre la forme d'un article de presse.

Commedia dell'arte : genre théâtral d'origine italienne reposant sur l'improvisation d'acteurs souvent masqués.

Correspondances (ou synesthésies) : liaisons subjectives par lesquelles l'excitation d'un sens fait naître des impressions appartenant à un autre sens.

Cryptologie : science des écritures secrètes.

Esthétique : ensemble de critères définissant le beau.

Ethnocentrisme : tendance à privilégier les normes et les valeurs de sa propre société pour en analyser celles des autres.

Ethnographe : spécialiste des activités, techniques et croyances liées à différentes sociétés.

Fatum : destin.

Focalisation : point de vue selon lequel la narration est envisagée (interne, externe ou omniscient).

Géologie : science visant à comprendre la nature, la formation et la genèse des constituants de la Terre.

Jansénisme : mouvement religieux et intellectuel des partisans de la doctrine de Jansénius, prônant l'idée selon laquelle le salut de l'homme dépend de la seule grâce divine.

Libéral : courant royaliste favorable à plus d'ouverture vis-à-vis de la bourgeoisie, sous la Restauration.

Lyrisme : expression des sentiments intimes du poète, associés à une musicalité.

Métatextuel : qualifie un mode d'analyse de texte portant sur l'écriture de celui-ci.

Métrique (ou versification) : étude des composantes du vers.

Mythe littéraire : mythe reposant sur la présence répétée, dans différentes œuvres, de personnages et de leur histoire.

Néologisme : mot inventé.

Orientalisme : mouvement littéraire né au XVIIIe siècle, caractérisé par son goût pour les pays du Maghreb et de l'Orient.

Paléontologie : science qui étudie les êtres vivants ayant peuplé la Terre aux temps géologiques, en se fondant principalement sur l'interprétation des fossiles.

Parnassien : relatif au Parnasse, mouvement poétique du XIXe siècle, né d'une réaction aux épanchements du romantisme et prônant une perfection formelle ainsi qu'un lyrisme impersonnel.

Poétique : voir « Art poétique ».

Polyphonie : pluralité des voix narratives dans le récit.

Protéiforme : qui change de forme.

LEXIQUE

Relativisme : thèse qui rejette la supériorité absolue de telle ou telle civilisation sur une autre.

Roman d'apprentissage : roman dans lequel le personnage principal se « forme » au contact du monde et des expériences qu'il y fait.

Satire : texte qui attaque les vices ou les mœurs d'une personne, d'une époque ou d'une société en les moquant.

Ultraroyaliste : courant royaliste sous la Restauration, favorable au retour de la monarchie d'avant 1789.

Utopie : représentation idéale de la société.

Variatio : procédé rhétorique consistant à varier le ton et la forme.

Vaudeville : au XVIIIe siècle, chanson légère insérée dans une pièce théâtrale.

Vers hétérométriques : suite de vers dont la métrique n'est pas régulière.

Vers libres : suite de vers n'obéissant pas à un système de mètres, de strophes ou de rimes.

Le Bois sacré cher aux arts et aux muses (détail, 1884), tableau de Puvis de Chavannes (1824-1898).

CRÉDITS PHOTOGRAPHIQUES

Achevé d'imprimer par Macrolibros en Espagne

Dépôt légal : janvier 2020 – 325420/01

N° de projet : 11043182 – décembre 2019

PAPIER À BASE DE FIBRES CERTIFIÉES

LAROUSSE s'engage pour l'environnement en réduisant l'empreinte carbone de ses livres. Celle de cet exemplaire est de : 750 g éq. CO_2 Rendez-vous sur www.larousse-durable.fr